Ich bin wie ich bin und das macht Sinn!

BOOKS on DEMAND

Sylvia Tröstl

Ich bin wie ich bin und das macht Sinn!

Wie man lernt, sich selbst zu lieben, akzeptieren und anzunehmen

FSC
www.fsc.org
MIX
Papier aus verantwortungsvollen Quellen
Paper from responsible sources
FSC® C105338

Bibliografische Information der Deutschen Nationalbibliothek: Die Deutsche Nationalbibliothek verzeichnet diese Publikation in der Deutschen Nationalbibliografie; detaillierte bibliografische Daten sind im Internet über http://dnb.dnb.de abrufbar.

1. Auflage 2018
neu überarbeitete Auflage Oktober 2018

Bildquellen: RDI VERLAG
Druck und Bindung: BoD – Books on Demand, Norderstedt
Satz und Herstellung: Sylvia Tröstl

ISBN: 978-3-932708-69-5

Inhalt

Anstatt eines Vorwortes - Ein Märchen[1]

Es war einmal ein Gärtner. Eines Tages nahm er seine Frau bei der Hand und sagte: „Komm Frau, wir wollen einen Baum pflanzen." Die Frau antwortete: „Wenn du meinst, mein lieber Mann, dann wollen wir einen Baum pflanzen.“ Sie gingen in den Garten und pflanzten einen Baum. Es dauerte nicht lange, da konnte man das erste Grün zart aus der Erde sprießen sehen. Der Baum, der eigentlich noch kein richtiger Baum war, erblickte zum ersten Mal die Sonne. Er fühlte die Wärme ihrer Strahlen auf seinen Blättchen und streckte sich ihnen hoch entgegen. Er begrüßte sie auf seine Weise, ließ sich glücklich bescheinen und fand es wunderschön, auf der Welt zu sein und zu wachsen.

„Schau“ sagte der Gärtner zu seiner Frau, „ist er nicht niedlich, unser Baum?“ Und seine Frau antwortete: “Ja lieber Mann“, wie du schon sagtest: „ein schöner Baum!“

Der Baum begann größer und höher zu wachsen und reckte sich immer weiter der Sonne entgegen. Er fühlte den Wind und spürte den Regen, genoss die warme und feste Erde um seine Wurzeln und war glücklich. Und jedes Mal, wenn der Gärtner und seine Frau nach ihm sahen, ihn mit Wasser tränkten und ihn einen schönen Baum nannten, fühlte er sich wohl. Denn da war jemand, der ihn mochte, ihn hegte und pflegte und beschützte. Er wurde lieb gehabt und war nicht allein auf der Welt. So wuchs er zufrieden vor sich hin und wollte nichts weiter als leben und wachsen, Wind und Regen spüren, Erde und Sonne fühlen, lieb gehabt werden und andere lieb haben.

Eines Tages merkte der Baum, dass es besonders schön war, ein wenig nach links zu wachsen, denn von

[1] Von Heinz Körner (Lucy Körner Verlag)

dort schien die Sonne mehr auf seine Blätter. Also wuchs er ein wenig nach links.
„Schau", sagte der Gärtner zu seiner Frau, „unser Baum wächst schief. Seit wann dürfen Bäume denn schief wachsen, und dazu noch in unserem Garten? Ausgerechnet unser Baum! Gott hat die Bäume nicht erschaffen, damit sie schief wachsen, nicht wahr, Frau?“ Seine Frau gab ihm natürlich recht. „Du bist eine kluge und gottesfürchtige Frau“, meinte daraufhin hin der Gärtner. „Hol also unsere Schere, denn wir wollen unseren Baum gerade schneiden.“

Der Baum weinte. Die Menschen, die ihn bisher so lieb gepflegt hatten, denen er vertraute, schnitten ihm die Äste ab, die der Sonne am nächsten waren. Er konnte nicht sprechen und deshalb nicht fragen. Er konnte nicht begreifen. Aber sie sagten ja, dass sie ihn lieb hatten und es gut mit ihm meinten. Und sie sagten, dass ein richtiger Baum gerade wachsen müsse. Und Gott es nicht gern sähe, wenn er schief wachse. Also musste es wohl stimmen. Er wuchs nicht mehr der Sonne entgegen.

„Ist er nicht brav, unser Baum?" fragte der Gärtner seine Frau. „Sicher lieber Mann", antwortete sie „du hast wie immer recht. Unser Baum ist ein braver Baum."

Der Baum begann zu verstehen. Wenn er machte, was ihm Spaß und Freude bereitete, dann war er anscheinend ein böser Baum. Er war nur lieb und brav, wenn er tat, was der Gärtner und seine Frau von ihm erwarteten. Also wuchs er strebsam in die Höhe und gab darauf acht, nicht mehr schief zu wachsen.

„Sieh dir das an", sagte der Gärtner eines Tages zu seiner Frau „unser Baum wächst unverschämt schnell in die Höhe. Gehört sich das für einen rechten Baum?“ Seine Frau antwortete: „Aber nein lieber Mann, das gehört sich natürlich nicht. Gott will, dass Bäume langsam und in Ruhe wachsen. Und auch unser Nachbar meint, dass

Bäume bescheiden sein müssten, seiner wachse auch schön langsam." Der Gärtner lobte seine Frau und sage, dass sie etwas von Bäumen verstehe. Und dann schickte er sie die Schere holen, um dem Baum die Äste zu stutzen.

Sehr lange weinte der Baum in dieser Nacht. Warum schnitt man ihm einfach die Äste ab, die dem Gärtner und seiner Frau nicht gefielen? Und wer war dieser Gott, der angeblich gegen alles war, was Spaß machte?

„Schau her Frau“ sagte der Gärtner: „Wir können stolz sein auf unseren Baum.“ Und seine Frau gab ihm, wie immer recht.

Der Baum wurde trotzig. Nun gut, wenn nicht in die Höhe, dann eben in die Breite. Sie würden ja schon sehen, wohin sie damit kommen. Schließlich wollte er nur wachsen, Sonne, Wind und Erde fühlen, Freude haben und Freude bereiten. In seinem Innern spürte er ganz genau, dass es richtig war, zu wachsen. Also wuchs er jetzt in die Breite.

„Das ist doch nicht zu fassen.“ Der Gärtner holte empört die Schere und sagte zu seiner Frau: „Stell dir vor, unser Baum wächst einfach in die Breite. Das könnte ihm so passen. Das scheint ihm ja geradezu Spaß zu machen. So etwas können wir auf keinen Fall dulden!“ Und seine Frau pflichtete ihm bei: „Das können wir nicht zulassen. Dann müssen wir ihn eben wieder zurechtstutzen".

Der Baum konnte nicht mehr weinen, er hatte keine Tränen mehr. Er hörte auf zu wachsen. Ihm machte das Leben keine rechte Freude mehr. Immerhin, er schien nun dem Gärtner und seiner Frau zu gefallen. Wenn auch alles keine rechte Freude mehr bereitete, so wurde er wenigstens lieb gehabt. So dachte der Baum.

Viele Jahre später kam ein kleines Mädchen mit seinem Vater am Baum vorbei. Er war inzwischen erwachsen geworden, der Gärtner und seine Frau waren stolz auf ihn. Er war ein rechter und anständiger Baum geworden.

Das kleine Mädchen blieb vor ihm stehen. „Papa, findest du nicht auch, dass der Baum hier ein bisschen traurig aussieht?" fragte es.

„Ich weiß nicht“, sagte der Vater. „Als ich so klein war wie du, konnte ich auch sehen, ob ein Baum fröhlich oder traurig ist. Aber heute sehe ich das nicht mehr."

„Der Baum sieht wirklich ganz traurig aus.“ Das kleine Mädchen sah den Baum mitfühlend an. „Den hat bestimmt niemand richtig lieb. Schau mal, wie ordentlich der gewachsen ist. Ich glaube, der wollte mal ganz anders wachsen, durfte aber nicht. Und deshalb ist er jetzt traurig.“

„Vielleicht“, antwortete der Vater versonnen. "Aber wer kann schon wachsen, wie er will?“

“Warum denn nicht?“ fragte das Mädchen. „Wenn jemand den Baum wirklich lieb hat, kann er ihn auch wachsen lassen, wie er selber will. Oder nicht? Er tut doch niemandem etwas zuleide."

Erstaunt und schließlich erschrocken blickte der Vater sein Kind an. Dann sagte er: „Weißt du, keiner darf so wachsen, wie er will, weil sonst die anderen merken würden, dass auch sie nicht so gewachsen sind, wie sie eigentlich mal wollten." „Sicher, das kannst du noch nicht verstehen. Auch du bist vielleicht nicht immer so gewachsen, wie du gerne wolltest. Auch du durftest nicht."

„Das verstehe ich nicht, Papa! Aber warum denn nicht? Du hast mich doch lieb und Mama hat mich auch lieb, nicht wahr?“ Der Vater sah sie eine Weile nachdenklich an. „Ja“, sagte er dann „sicher haben wir dich lieb."

Sie gingen langsam weiter und das kleine Mädchen dachte noch lange über dieses Gespräch und den traurigen Baum nach. Der Baum hatte den beiden aufmerksam zugehört, und auch er dachte lange nach.

Er blickte ihnen noch hinterher, als er sie eigentlich schon lange nicht mehr sehen konnte. Dann begriff der Baum und begann hemmungslos zu weinen.

Darum geht es

Sich selbst lieben, akzeptieren und anzunehmen ist erlernbar!

Ein Großteil von uns empfindet die Aufgabe „sich selbst zu lieben, oder es zu lernen“ als schwierig, oder vielleicht gar unerreichbar. Wir begeben uns auf die Suche, probieren Angebote aus, die oft nur von kurzer Erfolgsdauer gekrönt sind. Irgendwann kommt der Zeitpunkt, an dem wir die Suche nach uns selbst aufgeben, resignieren und dem Leben seinen Lauf lassen.

Wir gehen davon aus, dass es schon in Ordnung sei, wie es ist. Es scheint „normal“ zu sein, weil es bei vielen Verwandten, Freunden, Bekannten, Arbeitskollegen und Nachbarn schließlich genauso zu erkennen ist.

Vielen von uns ist nicht bewusst, dass das Wörtchen „normal“ ein sehr gefährliches Wort darstellen kann. Bedenken wir, woran „normal“ gemessen wird: „Normalität“ wird durch den Vergleich mit massenhaft vielen Menschen und Werten definiert. Der Durchschnittsmensch oder -wert, sowie minimale Abweichungen, gelten als normal. Je weiter ein Individuum von allgemein anerkannten Werten abweicht, desto eher gilt er als auffällig und „unnormal“.

Mittlerweile wird als „normal“ empfunden, dass wir in einer Leistungsgesellschaft und anhaltendem Druck leben. Trotz der dadurch hervorgerufenen Folgen (Depressionen, Burn-out und andere psychische Krankheiten), erkennen wir Dauerleistung und damit verbundener Druck mittlerweile als „normal“ an, weil Millionen von Menschen (Massen) davon betroffen sind.

Druck erzeugt immer Gegendruck und das Gegenteil des erwünschten Zieles. Er erzeugt Unlust, Antriebslosigkeit, Verlust von Kraft, Energie und Lebensfreude. Da wir jedoch erleben, dass es den meisten unserer Mitmenschen so ergeht und wie alle leiden, anerkennen wir Druck und Leid als „normal“ und akzeptieren es auch für uns selbst. Wir sind schnell bereit für Menschen, die wir lieben (unsere Kinder, Eltern, Geschwister oder Freunde) Fürsorge zu übernehmen. Als Vorgesetzte sind wir sogar verpflichtet, der Mitarbeiterfürsorgepflicht nachzukommen, ebenso müssen wir uns als Eltern minderjähriger Kinder, der Fürsorge- und Aufsichtspflicht stellen. Verletzen wir eine dieser Pflichten, folgen Sanktionen und Konsequenzen.

Über alle Pflichten, die unseren Alltag beherrschen, vergessen die meisten von uns, die Selbstfürsorgepflicht. Die Konsequenz daraus ist massiver Energieverlust, Lebenslust und Unzufriedenheit oder im schlimmsten Fall verlieren wir uns selbst und resignieren, weil wir am Ende kraft- und lustlos sind.

Beginnen wir, unsere Selbstfürsorgepflicht und damit endlich auch uns selbst, ernst zu nehmen (wie wir es bei anderen Menschen ganz selbstverständlich tun), sind wir bereit für Selbstannahme, Selbstakzeptanz und damit für die Selbstliebe. Damit ist die Eingangsfrage, ob wir die Lernfähigkeit besitzen, uns selbst lieben lernen zu lernen, beantwortet. Ja, wir können lernen uns selbst zu lieben, akzeptieren und anzunehmen, so wie wir sind. Die Frage ist: WILL ich das lernen?

Für jeden, der diese Frage mit JA beantwortet und sich mutig an die Umsetzung wagt, wird es sich auszahlen. Genau betrachtet ist es so: Nur ein Mensch, der sich selbst liebt, akzeptiert und annimmt, so wie er ist, verfügt über Fähigkeiten, auch andere Menschen so zu lieben, akzeptieren und anzunehmen, wie sie eben sind.

Liebe bedeutet auch mögen. Wir können dann mögen, wenn wir lernen, den Menschen zu verstehen – auch uns selbst …

Schon im großen Buch der vielen Wahrheiten steht geschrieben:

„Liebe deinen Nächsten, wie dich selbst.“

Das setzt voraus, dass es bei jedem von uns selbst beginnen muss. Zuerst muss man lernen, sich selbst zu lieben, um sich DADURCH in die Lage zu versetzen, andere lieben zu können. Oder wie Feuerbach es formulierte:

„Deine erste Pflicht es DICH glücklich zu machen. Bist DU glücklich, DANN kannst du andere glücklich machen.“

Das bedeutet, dass jeder Mensch immer zuerst seinen „Akku“ aufladen muss, bevor er in der Lage ist, geben zu können ...

So wie ich bin, bin ich gut genug!

Alle Menschen - JEDER von uns ist, so wie er ist, gut genug! Gleich auf welchem Entwicklungsstand er momentan steht, ganz sicher ist, dass er gerade jetzt und in diesem Moment, gut genug ist, so wie er ist.

Sobald in unseren Seminaren der Satz: „Du bist du und so wie du bist, bist du gut genug“ erwähnt wird, kommt immer mal wieder die Frage auf: „Warum „nur gut genug“ und nicht einfach GUT? Sie ist sehr einfach zu beantworten, denn Menschen haben nicht nur Stärken, sondern auch Schwächen. Niemand von uns wird jemals perfekt oder nur GUT sein. Beides, sowohl Stärken als auch Schwächen gehören zum Menschsein. Stärken bewerten wir fast ausschließlich als gut und Schwächen werden meist abgewertet.

Deshalb sind wir alle gut genug, mit unseren Stärken und Schwächen. Beides macht uns als Mensch aus, selbst wenn wir uns eigene Schwächen nicht gerne eingestehen. Sich eigene Schwächen einzugestehen wird erst dann einfacher, wenn wir lernen, wie wir „funktionieren“ und warum wir immer wieder handeln, wie wir es tun.

Der erste Schritt ist erfahrungsgemäß, die Wurzel zu erkennen und zu schauen, worin die Ursachen und der Beginn unseres Handelns liegen. Ist der erste Schritt geschafft, wird es beim Zweiten, sich selbst lieben, akzeptieren und anzunehmen, wie man ist, relativ leicht. Im dritten Schritt wird es uns kaum noch Probleme bereiten wenn wir uns selbst sagen, dass wir so wie wir sind, gut genug sind. Sobald wir die Basics, die uns zur Verfügung stehen kennen, werden wir freier und unabhängiger, von der Meinung unserer Mitmenschen. Wir spüren dann wieder LEBEN in uns ...

Alfred Adler (1870 – 1937), der Begründer der Individualpsychologie legte großen Wert darauf, eine lebensnahe

Psychologie schaffen, die Menschen ermöglicht, sowohl sich selbst als auch seine Mitmenschen, aus deren jeweils individueller Lebensgeschichte heraus zu verstehen. Seine Bücher und Vorträge hat er bewusst in schlichtem Stil gehaltenen, wodurch seine Psychologie jedermann zugänglich und verständlich ist.

Auch in diesem Buch wird bewusst auf Fremdwörter verzichtet, damit es für jedermann versteh- und nutzbar wird.

Auch darum geht es: Das vorliegende Buch soll als Hilfe zur Selbsthilfe dienen, verbunden mit dem Wunsch, jedem Leser[2] zu einem Stück mehr Zufriedenheit und Lebensfreude zu verhelfen.

---

[2] Selbstverständlich sind bei der männlichen Ausdrucksform stets auch Leserinnen gemeint. Im gesamten Buch wird auf Doppelnennungen verzichtet.

Der Sinn des Lebens

Die Frage nach dem Sinn des Lebens beschäftigt Generation für Generation und ist somit eine Frage, die so alt ist, wie die Menschheit selbst. Jeder von uns will wissen, warum er hier ist, welche Aufgabe er hat und warum das Leben so ist, wie es ist. Für die einen ist es eine Familie zu gründen und unbedingt ein Haus zu bauen, während es für andere Erfolg, Reichtum und Prestige ist. Wieder andere suchen den Sinn einzig und allein in ihrer Religion und andere gehen davon aus, das der Sinn des Lebens „Party machen" ist. Bei manchen Menschen erweckt es den Anschein, als hätten sie sich MECKERN, NÖRGELN und KRITISIEREN als Sinnsuche auferlegt. Fragen wir zehn verschiedene Menschen nach dem Sinn des Lebens, erhalten zehn verschiedene Antworten. Sicher ist gegen keine Antwort etwas einzuwenden, doch was ist, wenn die Familienplanung abgeschlossen und das Haus gebaut ist? Wenn Prestige, Reichtum und Erfolg vorhanden sind? Und was, wenn die Party vorbei ist oder man als Weltmeister in MECKERN, NÖRGELN und KRITISIEREN so erfolgreich ist, dass es nur Gleichgesinnte gut finden?

Ist das der Sinn des Lebens? Scheinbar nicht, hierbei handelt es sich höchsten Falls um Ziele. Wenn wir zwanzig Jahre in die Zukunft blicken, sehen wir, dass die Kinder aus dem Hause sind und die Eltern alleine dastehen. Familiengründung kann demnach nicht der Sinn für ein ganzes Leben gewesen sein, sondern lediglich ein mittelfristiges Ziel im Lebensplan. Ebenso verhält es sich mit Prestige, Reichtum und Erfolg. Wie man es auch dreht und wendet: Es bleiben Projekte, die kurz-, mittel- oder langfristig erreicht werden. Ist das „Projekt" und damit verbundene Ziele erreicht und umgesetzt, sind Menschen letztlich doch nicht zufrieden. Somit kann es sich wohl kaum um den Sinn des Lebens handeln.

Ist der Fokus nur auf ein Ziel oder Projekt gerichtet, wird alles andere meist ausgeblendet. Sobald das Projekt abgeschlossen oder das Ziel erreicht ist, stellt sich heraus, dass Vieles vergessen oder gar vernachlässigt wurde. Fazit: Die Konsequenz daraus kann Verlust und Einsamkeit sein. Verlust von Menschen, die ihr Leben in Liebe, Freund- oder Verwandtschaft mit uns teilen wollten ...

Was genau ist nun der Sinn des Lebens? Vielleicht ist: Lieben LERNEN. Die Liebe uns selbst und anderen gegenüber.

Lieben lernen ist eine Aufgabe, die wirklich Sinn macht, denn wenn wir LIEBEN lernen, sind wir nie mehr unglücklich und allein.

Auf den nächsten Seiten lernen wir, uns selbst besser kennen und uns zu verstehen, denn erst dann sind wir in der Lage uns anzunehmen, zu akzeptieren und bestenfalls zu lieben.

Glaube – glauben oder nicht glauben …

Über GLAUBE/N wurde bereits so viel geschrieben, dass es hier nicht wieder bis ins kleinste Detail geschehen muss. Menschen, an wen oder was auch immer sie glauben, gehen von einer wahrscheinlich eintreffenden Vermutung aus. Treffen wir auf Menschen, die an Gott glauben und ihren Glauben offen leben, stellen wir fest, dass sie oft leichter durchs Leben kommen als jene, die nicht an Gott glauben. Es ist es sinnlos, über Glaube oder Religiosität zu streiten. Sicher ist, dass es wohl *ETWAS*, wie auch immer die Menschheit es nennt (Gott, höhere Macht oder etwas zwischen Himmel und Erde ...) gibt, jedoch nicht wissenschaftlich nachgewiesen werden kann.

Wenn religiöser Glaube richtig verstanden wird, gibt er Menschen Kraft, Halt, Hoffnung und Sicherheit. Glaube kann frei machen und er kann uns zugänglicher, offener und freundlicher machen.

Einen wirklich nichtgläubigen Menschen habe ich im Verlauf meines Lebens noch nicht getroffen. Sicher gibt es Menschen, die von sich behaupten, nicht gläubig oder religiös zu sein. Trotzdem geben sie komischerweise GOTT die Schuld, wenn es in ihrem Leben nicht lief, wie sie es wünschten. „Wem ich die Schuld gebe, gebe ich die Macht!“[3] Diese Aussage bestätigt, dass ich jemand - dessen Existenz vorausgesetzt - Schuld zuweise.

Bestimmt gibt es keinen Menschen, der noch nie „Oh Gott!“ ausgesprochen hat. Ist es nicht so, dass Menschen, immer anfangen zu beten, wenn es ihnen schlecht geht?

---

[3] Dr. Wayne Dyer, How to be a No Limit Person

Grundsätzlich bin ich der Meinung, dass wir alle glauben, auch wenn uns nicht immer darüber bewusst sind.
In meiner Ursprungsfamilie wurde religiöser Glaube nie vermittelt und trotzdem habe ich, solange ich denken kann, an Gott geglaubt. Ist es vielleicht doch so, dass wir von „da oben" kommen und irgendwann wieder dahin zurückgehen? Woher sollen kleine Kinder sonst ihren tiefen Glauben an Gott nehmen? Im Laufe der Jahre habe meinen Glauben wieder verloren und rückblickend fühlte ich mich in dieser Zeit sehr verloren. Ende zwanzig fand ich über Umwege zum Glauben zurück und seither fühle ich mich immer dann, wenn ich in religiösen Schriften lese, besser und ausgeglichener. Versäume ich es über einen längeren Zeitraum, geht es unerklärlicherweise immer wieder ein Stück bergab, bis ich mich erinnere und die Beschäftigung damit wieder aufnehme.

Wäre denn nicht alles sinn- und zwecklos, wenn wir für einige wenige Jahre auf diese Welt kommen, einige Erfahrungen sammeln und damit irgendwann sterben? Der Gedanke, dass es nach dem Erdenleben irgendwo weitergeht, erscheint mir sehr sinnvoll. Sonst wäre doch zu viel umsonst passiert… - oder?

Halten wir irgendwann Rückschau auf unser Leben, scheint es, als hätte sich ein „roter Faden" hindurchgezogen. So, als gäbe es einen Plan, in dem verschiedenste Aufgaben zu erfüllen sind. Weichen wir von dem Plan ab, werden wir unzufrieden mit uns und dem Leben. Erfüllen wir „unserem Plan", fühlen wir uns gut, zufriedener und gelassener.

Wenn es so ist, dass es einen „Planer" für uns gibt, dann kann es auch keine Zufälle geben … Das „Drehbuch" ist geschrieben ... Dennoch erhalten wir immer wieder genug

Möglichkeiten, einzuwirken, mit oder umzuschreiben, wenn wir feststellen, dass wir durch eigenes Dazutun, fehlgeleitet waren.

Wir sind kein Produkt des Zufalls!

In seinem Buch: *LEBEN MIT VISION*[4], sagt Rick Warren: „***Sie sind kein Produkt des Zufalls!***“ Wenn dem so ist, dann hat Gott uns geplant, erwartet und uns einzigartig erschaffen. Ein schöner Gedanke, wie ich finde. Auch in der Bibel, in Jesaja 44:2 steht: *„Ich habe dich geschaffen, wie ein Kind im Mutterleib. Von Anfang an habe ich dir geholfen.“*

Gehen wir also davon aus, dass wir kein Produkt des Zufalls sind und wir auf dieser Erde erwünscht waren und sind. Unglaublich viele Menschen fühlen oder fühlten sich nicht willkommen oder erwünscht. Sie hörten Sätze wie: „Wenn es die Pille damals schon gegeben hätte, wärst du nicht auf dieser Welt!“ „Ich wollte gar kein Kind.“ „Ein Junge/Mädchen wäre mir lieber gewesen.“

Vielleicht kennen einige Leser solche oder ähnliche Sätze, worüber sie lange getrauert haben. Doch wenn wir uns mit dem Gedanken anfreunden, dass wir kein Produkt des Zufalls sind, ist das ein wunderbarer und wohltuender Gedanke. Gehen wir davon aus, dass dem so ist, sind o. g. Aussagen nicht mehr bewertbar. Wir sind also kein Produkt des Zufalls sondern willkommen und haben ein Anrecht auf dieser Welt zu sein, wie alle anderen Menschen auch.

Schauen wir uns ein Kind[5] aus den Sechzigern an, das in eine Familie geboren wurde in der Armut, Resignation und Brutalität an der Tagesordnung waren. Es gab noch sechs weitere Geschwister, die Eltern geschieden. Die Mutter als Alleinerziehende sehr reizbar, depressiv und als Erzieherin völlig überfordert.

---

[4] Rick Warren: *Leben mit Vision*

[5] ehemalige Klientin bei mir in Beratung

Die älteren Geschwister, die den brutalen Vater länger erlebten, waren sehr unglücklich. Den jüngeren Geschwistern erging es besser, da die Älteren später die Verantwortung für sie als ihren Auftrag übernahmen. Die meisten Kinder dieser Familie waren keine glücklichen Kinder und einige von ihnen hörten auch den Satz: „Wenn es die Pille damals schon gegeben hätte, wärst du nicht auf dieser Welt!“ Dieser Satz begleitete meine Klientin jahrzehntelang durchs Leben. Dennoch hat sie nie aufgegeben, weil sie spürte, dass es nicht wahr sein kann. Sie entwickelte sich zu einer rebellischen Kämpferin und hat es schließlich geschafft. Hätte sie nicht gelernt, dass sie so wie sie ist, gut genug ist, wäre sie heute nicht so lebensfroh und glücklich. Wie sie es geschafft hat, dazu später mehr.

Schauen wir uns dieses oder unser eigenes Leben genauer an, ist zu erkennen, dass es richtig war, genau in diese Familie hineingeboren zu werden. Somit sind wir wieder bei dem Plan, Planer und keinem Produkt des Zufalls angekommen. Ich bin sicher, wenn wir alle unser Leben „unter die Lupe nehmen“ (was wir hier Seite für Seite tun), lernen wir uns selbst besser kennen und erkennen dann, warum wir so sind, wie wir sind und warum alles Sinn ergibt ...

Die Geburt – willkommen in der Welt

Wird ein Kind geboren, ist es immer ein ganz großes Ereignis besonders, dann wenn es freudig erwartet wurde. Die Eltern, Großeltern, Tanten und Freunde, bestaunen es und (besonders die Eltern) sind der Meinung, dass dies das schönste kleine Menschlein auf der ganzen Erde ist. Dabei sind wir alle Kinder der Liebe, wie Su Kramer[6] es in ihrem Song treffend beschreibt.

... Kinder der Liebe sind wir alle auf der Welt -
ob wir nun arm sind, oder reich -
am Anfang sind wir alle gleich.
Kinder der Liebe sind wir alle auf der Welt ...
Und das ist schön ...
So wunderschön. ...

Ja, am Anfang sind wir alle gleich ... Anfangs unterscheidet uns nichts voneinander. Mensch ist ein Mensch. Gleich welcher Nationalität, Farbe etc. ... Das Konstrukt Mensch ist stets dasselbe. So betreten wir das Licht der Welt, als ein „unbeschriebenes Blatt". Selbstverständlich ist es grundsätzlich nicht möglich, einen Menschen mit einem Computer zu vergleichen, doch als „bildliche Vorstellung" dient die Beschreibung eines Computers und kommt dem Beginn eines menschlichen Wesens hier am nächsten. Schauen wir uns das einmal im Vergleich an.

[6] Refrain/Songtext (1974) von Schlagersängerin Su Kramer

Mensch	**Computer**
Definition: ein Körper mit biologischem Organismus	Definition: Recheneinheiten, die auf mechanischer oder elektronischer Basis rechnen
Funktion: immer gleich	Funktion: immer gleich
Hardware: Körper	Hardware: Gehäuse
Gehirn: Infrastruktur des Menschen	Motherboard: Infrastruktur des Computers
Herz	BIOS: das „Herz“ des Computers
Gehirn	Prozessor: das „Gehirn“ des Computers
Optische „Ausgabe“	Grafikkarte:
Genetik	RAM: der Arbeitsspeicher
Unterbewusstsein: speichert alles Erlernte; Erinnerungen, Erlebnisse etc.	Festplatte: speichert alle Daten, Bilder etc.
Ein von der Schöpfung erschaffenes Wunder	Ein von Menschen erschaffenes Wunder
Abhängigkeit: bedingt abhängig von anderen Menschen, bis zur Erkennung des eigenen Bewusstseins und späterer autark	Abhängigkeit: stets abhängig von Menschen

Wie unser Beispiel zeigt, sind wir lediglich mit einer Art „Betriebssystem“ ausgerüstet. Es ist alles da, was wir zum Leben benötigen. Körper, Herz, Gehirn, Lunge, Nieren usw. Wir leben ohne weiteres Zutun. Außer zuhören, können wir in den ersten Monaten kaum etwas, doch wir lernen durch unser Umfeld mehr und mehr dazu. Wir wachsen heran und werden durch den Erziehungsstil in unserer Familie geprägt, wodurch (wie bei der PC-Anwendung) unsere „Festplatte“ nun stetig beschrieben wird. Da wir mit dem Ursprungsgefühl *dazu gehören zu wollen,* dem *Zugehörigkeitsgefühl,* geboren werden, speichern wir Erlerntes ab. Wir lernen sehr schnell, dass wir dazugehören, wenn wir tun, was den Menschen um uns herum gefällt.

Insofern sind wir alle gleich und unterscheiden uns von keinem anderen menschlichen Wesen. Bereits ab dem ersten Tag sind wir kein „unbeschriebenes Blatt“ mehr. Das Abenteuer *LEBEN* beginnt und nimmt seinen Lauf. Unser Er- oder Beziehungsumfeld hat begonnen unsere „Festplatte“ zu „beschreiben“ und wir speichern deren Beschriftung ab.

Liebe und Vertrauen - was ist das?

Liebe - was ist Liebe?

Eine Definition von Liebe ist: Dreimal geben und einmal nehmen. Was man gibt, soll aus reinem Herzen gegeben werden, ohne jegliche Gegenleistung dafür zu erwarten. Weiterhin, ist Liebe zum anderen Menschen:

- ihm Gutes wollen, ohne ihn in seiner Entwicklung zu blockieren
- ihn seiner Entwicklungschancen nicht zu berauben
- mich an seinen Erfolgen zu erfreuen und ihn dafür zu bewundern
- ihn zu akzeptieren, wie er ist
- ihn anzunehmen, wie er ist - mit all seinen Stärken und Schwächen - auch dann, wenn seine Meinungen oder sein Handeln nicht den eigenen Erwartungen entspricht

Vertrauen - was ist Vertrauen?

Kontrolle mal Häufigkeit ergibt Vertrauen.

Wem man in kleinen Dingen vertrauen kann, kann man auch in großen Dingen vertrauen. Wenn Menschen sich kennenlernen - so auch das Neugeborene seine Eltern - unterliegen sie unbewussten Prüfungen.

Das Baby schreit, wenn es hungrig oder eingenässt ist, wodurch es auf sich aufmerksam macht. Die Mutter kommt und befriedigt seine Bedürfnisse. Baby quengelt, wenn es sich einsam fühlt - Mama kommt und beruhigt es. Dies wiederholt es oft genug und stellt dabei fest, dass die Mutter kommt, wann immer es sie braucht. Durch die Häufigkeit stellt es fest, dass es darauf vertrauen kann, dass immer jemand da ist. Mama ist immer da. Sie sorgt immer für die Nahrungszufuhr, legt es trocken, umsorgt es liebevoll, tröstet es und ist ihm stets liebevoll zugewandt. Nach einigen Wochen weiß es sicher, dass seine Bedürfnisse gestillt werden und es sich auf seine Mutter verlassen kann.

So entsteht bereits im Säuglingsalter emotionale Sicherheit oder das sogenannte *Urvertrauen*. Die erste Bindung, die Eltern-Kind-Bindung entwickelt sich und wächst. Der Grundstein für das *ursprünglichste Gefühl*, nämlich das ***Zugehörigkeitsgefühl***, ist gelegt und der Weg für spätere Bindungen ist dadurch geebnet.

Erwachsene, die sich kennenlernen, verabreden sich anfangs immer mal wieder und stellen dabei fest, ob das Gegenüber pünktlich und zuverlässig ist. Sie sprechen miteinander und mit der Zeit wissen sie, ob Worte und Taten übereinstimmen und je öfter das der Fall ist, umso mehr baut sich das Vertrauen auf. Auch hier wird durch die Häufigkeit festgestellt, dass man seinem Gegenüber vertrauen kann.

Rituale und Regelmäßigkeiten schaffen Vertrauen.

Das Urvertrauen

Die Entstehung des Urvertrauens entsteht durch emotionale Sicherheit. Emotionale Sicherheit baut gleichzeitig das Vertrauen in die eigene Person, das Selbstvertrauen auf.

Menschen spüren, ob sie geliebt oder gemocht werden und ob sie willkommen sind oder nicht. Wird ein Kind bereits im Säuglingsalter abgelehnt, wird es das spüren und kein Urvertrauen aufbauen können. Was es dann aufbaut, sind Ängste und Misstrauen anderen Menschen gegenüber. Es wird ihm schwerfallen, engere Bindungen/Beziehungen einzugehen und Angst vor Veränderungen und dem Leben generell haben. Ebenso wird es sich selbst im späteren Leben sehr wahrscheinlich wenig zutrauen, viele Probleme und einen steinigen Weg vor sich haben.

Kann ein Kind in einer vertrauens- und liebevollen Atmosphäre aufwachsen, kann es dadurch erlangte Fähigkeiten auf spätere Beziehungen übertragen.

Die erste große Liebe

Die erste Liebe eines Neugeborenen ist immer die Liebe zu den Menschen, die von Beginn an ihr Leben begleiten. Sie setzen grenzenloses Vertrauen in sie, eine andere Wahl haben sie nicht. Selbst wenn dieses Vertrauen später immer wieder enttäuscht wird, hält das Kind an der Liebe fest, weil es instinktiv weiß, dass seine erste Liebe ganz besonders sein soll. Schließlich war es neun Monaten in engster Verbindung mit der Mutter. Verstirbt die Mutter sehr früh bei oder nach der Geburt, so bindet sich das Kind an die Person, die sich ihm am meisten zuwendet und es versorgt.

Anerkennung

Jeder Mensch will an-ERKANNT werden. Erfährt ein Neugeborenes Ablehnung anstelle von Urvertrauen, hat dies oft verheerende Folgen. Menschen sind soziale Wesen. Sie brauchen andere Menschen, um psychisch gesund zu bleiben und glücklich zu werden. Der Mensch will als Mitglied der Familie und der Gesellschaft anerkannt werden. Er braucht das Zugehörigkeitsgefühl, wie die Nahrung zum Leben.

Selbst wenn ein Kind abgelehnt wird, liebt es bedingungslos weiter. In den meisten Fällen klammern sich Kinder an die Personen, die sie am meisten ablehnen. Sie suchen unbewusst die tiefe Liebe, die sie instinktiv kennen und wollen sie um jeden Preis erobern. Ein mancher Teufelskreis beginnt so von Anfang an und Menschen, die dies erlebt haben, rennen ihr Leben lang der Liebe der Mutter, des Vaters oder beider Eltern hinterher. Sie sind für VIELES bereit, um die gewünschte Anerkennung zu erhalten.

Auch wenn durch diese Zeilen für manch einen zunächst Frustration und Traurigkeit hervorgerufen wird, möchte ich schon jetzt darauf hinweisen, dass für JEDEN Menschen die Möglichkeit besteht zu bekommen, was er in seiner Kindheit vielleicht nicht bekommen hat oder lernen konnte: Liebe, Selbstliebe, Selbstvertrauen, Sicherheit und Selbstbewusstsein verbunden mit Unabhängigkeit.

Das Zugehörigkeitsgefühl

Jede psychologische Lehre baut auf einer ganz bestimmten Grundannahme auf. Während Siegmund Freuds Lehre von der Triebsteuerung des Menschen ausgeht, setzt die Individualpsychologie nach Alfred Adler auf die sozialen Bindungen des Menschen. „Der Mensch ist ein soziales Wesen" ist eine Kernaussage der Individualpsychologie.

Menschen brauchen Menschen, um überhaupt existieren zu können. Wer meint, ohne andere Menschen auskommen zu können, wird sozial verarmen und sich eines Tages in Einsamkeit, Traurigkeit und Unzufriedenheit wiederfinden. Wer jedoch die Kernaussage Alfred Adlers als zutreffend versteht, wird sich bemühen soziale Kompetenzen zu entwickeln, denn diese sind die Voraussetzung für psychische Gesundheit und gesundes Miteinander.

Wie wichtig es für einen Menschen ist, das Gefühl der Zugehörigkeit zu haben, zeigt folgender Bericht von Friedrich dem II[7]:

Friedrich der II (1212-1250), ließ Müttern Babys wegnehmen und übergab sie Ammen, um ein Experiment durchzuführen, bei dem er feststellen wollte, welche Sprache Kinder entwickeln oder ihnen angeboren ist, wenn sie ohne Ansprache aufwachsen.
Um die Babys nicht zu beeinflussen, wurden die Ammen beauftragt, die Kinder nur mit dem Notwendigsten zu versorgen: Nahrung, Kleidung, frische Windeln. Es war ihnen untersagt, den Kindern jedwede Zuneigung und Sprache zukommen zu lassen.

---

[7] Quelle: www.wissen.de

Die Kinder starben alle. Keines hat sich nur annähernd gut entwickelt. Das Einzige, das dieser grausame Test zeigte war, dass Babys ohne Zuwendung und Liebe nicht überleben können.
Er führte nichts Böses mit ihnen im Schilde. Das Ergebnis seines Experiments war allerdings niederschmetternd: Alle Kinder starben, wohl aufgrund fehlender Zuwendung und Ansprache.
Er schrieb dazu: »Sie vermochten nicht zu leben ohne das Händepatschen, die fröhlichen Gesichter und die Koseworte ihrer Ammen«

Wer bereits einmal erlebt hat, wenn eine geliebte Person aus einem Ärgernis heraus nicht mehr mit ihm sprach, weiß wie niederschmetternd eine solche Situation sein kann. Man mag sich gar nicht vorstellen, wie es ausgehen würde, wenn kein Mensch mehr mit uns sprechen würde. Sicher ist nur, dass es dem Menschen damit gar nicht gut gehen würde und er sich nur noch in einer Abwärtsspirale bewegen könnte. Menschen brauchen Menschen, um überleben zu können. Sie wollen zu anderen Menschen und Gruppen dazugehören und sind bereit, viel dafür einzubringen. Sie wollen beitragen, dabei und nützlich sein, um dazugehören zu können.

Ist es einem Menschen nicht möglich, dazugehören zu können, wird er störendes Verhalten entwickeln, um die Gemeinschaft, zu der er nicht gehören „darf", auch nicht in Frieden leben zu lassen.

Jede Gemeinschaft kann nur als Gemeinschaft funktionieren, wenn sie sich gleichwertig behandelt fühlt und jedes Mitglied so annimmt, wie es ist - mit all seinen Stärken und Schwächen. Nur so ist es für Menschen möglich, sich zugehörig fühlen zu können.

Auch die Zugehörigkeit zu einem Volk, einem Verein, der Familie usw., vermittelt persönliche Identität und die Sicherheit des WIR-Gefühls. Mit dem Gefühl „hier gehöre ich dazu", ist das Wesentlichste erfüllt. Wer seinen Platz gefunden hat (sich also zugehörig fühlt) leistet seinen Beitrag, ist sozial positiv orientiert, fühlt sich selbstsicher und achtet nicht so sehr darauf, was andere über ihn sagen oder, wie er bei ihnen ankommt. Ein solcher Mensch ist unabhängig von der Meinung anderer, weil er weiß, dass ihm sein Platz sicher ist. Macht er seinen Platz jedoch von der Meinung anderer Menschen abhängig, lebt er ständig in Angst diesen zu verlieren. Es folgen Unsicherheit und Verlustangst, wodurch er dann bereit ist, Unmöglichstes, bis hin zu Demütigungen über sich ergehen zu lassen, um seinen Platz zu erhalten oder wiederzuerlangen.

Schauen wir uns einen Jugendlichen an, der zu Hause die „Nestwärme", das Gefühl der Zugehörigkeit verloren hat und seinen Platz dringend sucht. Er ist dann bereit, sich in andere Richtungen zu orientieren, schließt sich z. B. einer Peergroup an oder wendet sich einer anderen Gruppe zu. Viele Jugendliche geraten an Sekten, die ihnen vorgaukeln genau diese „Nestwärme" und einen festen Platz zu bieten. Bekommt der Mensch das Gefühl der Zugehörigkeit, ist er sogar bereit alle bisherigen sozialen Kontakte hinter sich zu lassen und der neuen Gruppe bedingungslos zu folgen. Was auch immer von ihm erwartet wird, er ist bereit es zu geben. Was er im Grunde will, ist Sicherheit, Liebe, Verständnis, Nestwärme und sich in seiner Individualität angenommen fühlen. Fühlt ein Mensch all das, ist er bereit in „seiner Gruppe" Beiträge zu erbringen, die von ihm erwartet werden. Die Gruppe bietet ihm Sicherheit und den festen Platz, den er nicht wieder aufgeben will.

Wir alle kennen das Gefühl, uns zugehörig zu fühlen und

sicher kennen wir alle Situationen, in denen das nicht der Fall war. In den Neunzigerjahren kreierten meine Ausbilder[8] einen Selbsttest, den ich gerne hier weitergebe, wodurch sich jeder Leser selbst testen kann.

[8] Julitta und Theo Schoenaker

Selbsttest Zugehörigkeitsgefühl

Sich **NICHT** zugehörig fühlen

Stell dir jetzt eine Situation vor, in der du das schon einmal erlebt hast. Begib dich gedanklich mal in so eine Situation und mach deine Notizen:

1. **Wie fühlst du dich dann körperlich?**

   ____

   ____

2. **Wie fühlst du dich dann emotional?**

   ____

   ____

3. **Was denkst du dann?**

   ____

   ____

4. **Was tust du dann?**

   ____

   ____

5. **Wie erlebst du dann die anderen?**

   ____

   ____

Selbsttest Zugehörigkeitsgefühl

Sich **ZUGEHÖRIG** fühlen

Stell dir jetzt eine Situation vor, in der du das schon einmal erlebt hast. Begib dich gedanklich mal in so eine Situation und mach deine Notizen:

6. **Wie fühlst du dich dann körperlich?**

   ____

   ____

7. **Wie fühlst du dich dann emotional?**

   ____

   ____

8. **Was denkst du dann?**

   ____

   ____

9. **Was tust du dann?**

   ____

   ____

10. **Wie erlebst du dann die anderen?**

   ____

   ____

Ergebnisse aus einer Umfrage

Die Ergebnisse sind eindeutig und die Aussagen gleichen sich überwiegend. Diese Aussagen kamen zu Fragen bei *ungenügendem Zugehörigkeitsgefühl*:

Körperlich: niedergeschlagen, schwach, krank, Halsschmerzen, Schnupfen etc.
Emotional: ausgeschlossen, einsam, verlassen etc.
Denken: Warum ist das so? Mögen die mich nicht? Was habe ich getan, dass ...? Usw.
Handeln/tun: Ich ziehe mich zurück. Ich denke nach, was mit mir/an mir nicht stimmt und was ich ändern kann. ...
Erleben der anderen: Sie sind eine Gemeinschaft. Sie halten zusammen. Sie verhalten sich triumphierend. Sie sind unfreundlich ...

Aussagen zu Fragen bei *genügendem Zugehörigkeitsgefühl*:

Körperlich: frisch, energievoll, gesund ...
Emotional: sicher, beschützt, Wärme, Geborgenheit ...
Denken: Ich fühle mich wohl. Ich bin willkommen. Sie mögen mich ...
Handeln/tun: Ich leiste gerne meinen Beitrag. Ich helfe und unterstütze. Ich bin für sie da...
Erleben der anderen: freundlich, zugewandt, interessiert ...

Nachdem nun klar ist, wie wir denken und fühlen, wenn wir uns zugehörig fühlen oder nicht, ist es an der Zeit sich die Frage zu stellen: **Was kann ich tun**, damit andere Menschen sich mir zugehörig fühlen?
Der erste Schritt dazu ist, die Gleichwertigkeit aller Menschen zu akzeptieren.

Ich kann:

- ✓ den anderen Menschen tolerieren und annehmen, wie er nun mal ist
- ✓ seine Meinung respektieren
- ✓ ihm Vertrauen schenken
- ✓ ihm etwas zutrauen
- ✓ an ihn glauben
- ✓ nicht an ihm herummeckern, nörgeln und kritisieren
- ✓ ihn ermutigen
- ✓ auf seine guten Seiten und Stärken schauen
- ✓ freundlich sein in Blick und Stimme
- ✓ seine Schwächen nicht ausnutzen und die Sache nicht zu wichtig machen
- ✓ mich für ihn interessieren
- ✓ ihm zuhören
- ✓ für ihn da sein, wenn er mich braucht
- ✓ Fehler nicht so wichtig machen ...
  u. v. m.

Du kannst die Liste beliebig erweitern. Wichtig dabei ist nur deinen Beitrag zu leisten, indem du dich fragst: **Was kann ich tun,** damit ...?

Einer der besten Beiträge, die wir leisten können ist, anderen Menschen das Gefühl zu vermitteln, dass sie willkommen sind. Schaffen wir das, fühlen sich alle zugehörig, sowohl in der Familie, der Partnerschaft als auch am Arbeitsplatz und wo auch immer wir uns bewegen.

Menschen die spüren, dass sie so wie sie sind, gut genug sind, fühlen sich wohl, angenommen und können sich positiv entwickeln. Sie identifizieren sich mit ihrer Gruppe (Familie, Partner, Eltern, Kinder etc.) und werden dadurch stets bereit sein, zum Wohlbefinden aller beizutragen und sich einbringen. Wir haben also die Wahl ...

Eltern, Erzieher – unsere Modelle

Erziehungsstile gibt es einige und über den RICHTIGEN lässt sich streiten. Darüber werden Eltern sich wohl nie einigen. Die Individualpsychologie geht davon aus, dass der demokratische Erziehungsstil, ein guter Weg ist, da sich Kinder dadurch am besten entwickeln können.

Erziehung als Aufgabe[9]

Der Erziehungsauftrag ist uns allen klar: Wir als Eltern haben die Aufgabe, das Kind in seiner Entwicklung zu fördern, es zu einer selbstständigen, verantwortungsbewussten, eigenverantwortlichen, liebevollen, liebes- und gemeinschaftsfähigen Persönlichkeit zu erziehen.

Zugegeben: Eine der schwierigsten Aufgaben, die wir uns auferlegen können. Doch ist sie übernommen, sollten wir so gut wir können, das Beste daraus machen.

Die wichtigste Erkenntnis dabei ist: Die PERFEKTEN ELTERN gibt es nicht! Es gab sie noch nie und es wird sie nie geben, selbst wenn wir uns noch so sehr anstrengen. Wir werden sie auch niemals sein. Doch wir können gute Eltern werden. Liebe macht alles möglich. Soweit erst mal zum Anfang.

Wie auch immer uns unsere Eltern oder Erziehungspersonen erzogen haben, sie gaben alle ihr Bestes, nämlich das, was ihnen derzeit an Wissen, Erfahrung und Wahlmöglichkeit zur Verfügung stand. Bis ins neunzehnte Jahrhundert ging man doch davon aus, dass Belohnung und Strafe ein guter Erziehungsstil sei. Man kannte es nicht anders und so gaben Eltern den nächsten Generatio-

[9] aus der Reihe ***little-coach*** Kinderziehung - www.little-coach.de

nen weiter, was ihnen selbst an Erfahrung zur Verfügung stand. Es schien, als seien Menschen dieser Zeit „Körper ohne Seelenleben", die zu funktionieren hatten. Die Psyche wurde völlig außer Acht gelassen, was nicht verwunderlich ist, da die Psychotherapie lange nicht be- und anerkannt war.

Psychische Störungen wurden früher als Folge dämonischer Besessenheit oder Flüchen verstanden. Niemand wollte damit zu tun haben und betroffene Menschen wurden aus der Gesellschaft ausgeschlossen, geächtet und gehörten nicht mehr dazu. Das ist sicher einer der Gründe, weshalb Psychotherapie bei einigen Menschen bis heute einen unangenehmen Beigeschmack hat. Andererseits hat sich das Blatt bereits bei mutigen Menschen gewendet, die Psychotherapie als sehr hilfreich anerkennen. Erst Ende des 19. Jahrhunderts beschäftigten sich Psychologen wie Siegmund Freud, Alfred Adler, C. G. Jung und andere mit den Themen Psychoanalyse und Verhaltenstherapie. Dadurch konnten Ängste genommen und die Wichtigkeit der Beschäftigung mit der menschlichen Psyche, näher gebracht werden. Psychologie und Therapie ist noch „sehr jung", gerade mal etwas mehr als hundert Jahre alt.

Das hilft vielleicht dabei, die eigenen Eltern besser zu verstehen und ihnen bestenfalls verzeihen zu können, denn sie wussten wirklich nicht, was sie tun.

Egal, wie erzogen wurde: Jedes Kind hatte seine Eltern als Modell und dadurch begrenzte Möglichkeiten, andere Erziehungsstile kennenzulernen. Gefühle waren nie Thema, doch konnten alle spüren, dass Strenge und Strafe sich nicht gut anfühlten. Dennoch gaben alle Generationen weiter, was sie selbst erlebten: Strenge und Strafe. Dank der Vorreiter, die die Psychologie immer weiter verbreiteten, anerkannten und akzeptierten die Menschen immer mehr ihre Gefühlswelt. Diejenigen, die Schmerzhaftes erleben mussten, wollten ihren eigenen Kindern Schmerz und Leid ersparen. Nach und nach wurden die Menschen wacher und begannen, sich gegen Ungerechtigkeiten zu wehren. Frauen und Kinder erhielten mehr Rechte und so konnte sich auch die Erziehung endlich weiter entwickeln.

Damals wie heute lernen Kinder durch ihre Vorbilder. Sie vertrauen ihnen bis zu einem gewissen Zeitpunkt blind, denn Eltern sind ihre Modelle, von denen sie lernen, wie das Leben funktioniert. Was Kinder von und durch ihre Modelle lernen, halten sie für wahr und leben es nach. Selbst wenn ein junger Mensch behauptet: „Ich werde es später ganz anderes machen!“, wird dies nur bedingt gelingen. Es kann gelingen, wenn uns das eigene Verhalten und erlernte Muster bewusst werden.

Die Prägephase, Charakterbildung und Individualität

Durch Wissenschaft und Forschung ist heute bekannt, dass die Prägephase eines Kindes spätestens zum Ende des siebten Lebensjahres abgeschlossen ist. Was Kinder bis dahin aus dem Erleben ihrer Eltern, Erzieher, Geschwister und ihrem Umfeld beobachten und lernen, bildet ihr Grundgerüst, den Charakter, oder wie wir in der Individualpsychologie es nennen, ihren persönlichen Lebensstil. Nach der Prägephase steht für das Kind fest:

- so ist die Welt
- so sind die Menschen
- so sind Männer
- so sind Frauen

  usw.

Es sieht nun mit seinen Augen und Überzeugungen, denn es hat sich ein „eigenes Raster" angelegt. Trifft es auf Menschen: Die die Welt, die Menschen, Männer und Frauen etc. anders sehen als es selbst, versteht es das zunächst nicht, denn andere Anschauungen fallen durch sein persönliches Raster hindurch. Alle zur Bildung des individuellen Charakters wichtigen Entscheidungen und Erkenntnisse wurden in den ersten Lebensjahren der Kindheit „abgespeichert" und von da an bis ins hohe Alter gelebt. Alfred Adler verstand den Lebensstil als ein persönliches System, resultierend aus persönlicher Sichtweite, Wahrnehmung, Orientierung und das dadurch zielgerichtete Handeln. Eine weitere wichtige Aussage Alfred Adlers, die in späteren Kapiteln nachvollziehbarer wird, lautet: „Wir sind alle Kinder, in einer alternden Haut."

Da sich jedes Kind eigene Meinungen bildet, seine Eltern Geschwister und die Umgebung durch seine Anschauungen erlebt, wird es keinen zweiten Menschen mit dem gleichen Charakter oder Lebensstil geben. Selbst wenn mehrere Geschwister im gleichen Umfeld aufwachsen, wird jedes durch subjektiv gebildete Meinungen, ein anderes Erleben empfinden.

Somit besitzt jeder Mensch Individualität, weil es so viele Charaktere oder Lebensstile, wie Menschen gibt.

Erziehungsphase

Die Erziehungsphase reicht höchstenfalls bis zu Beginn der Pubertät. Es heißt: Bis zum fünfzehnten Lebensjahr handelt es sich um Erziehung. Ist diese Phase abgeschlossen, entsteht daraus eine Beziehung. Wenn man Glück hat, handelt es sich bestenfalls um eine gute Beziehung.

Dennoch glauben viele daran, dass sie bereits erwachsene Menschen nochmals umerziehen könnten. Sobald sie feststellen, dass dies ein Trugschluss ist, macht sich Unzufriedenheit breit und das anfänglich als angenehm empfundene Zusammensein ist dahin. Dennoch kann sich viel zum Positiven entwickeln, sobald man seine eigenen Muster und Anschauungen erkennt und durchschaut.

Durch „Erziehungsversuche“ wird NICHTS erreicht, Ermutigung kann jedoch VIELES möglich machen.

Das Lernmodell und die eigene Partnerschaft

- wie unsere Prägungen die Partnerwahl beeinflusst

Auch wenn wir im Erwachsenenleben alles ganz anders machen wollten, stellen wir irgendwann fest, dass wir viele Dinge genauso machen, wie wir es von den elterlichen Modellen oder anderen wichtigen Bezugspersonen gesehen und gelernt haben. Nicht weil wir uns das bewusst aussuchten, sondern weil unser Unterbewusstsein, das "Lehrmaterial" in der Prägephase abgespeichert hat und später kreativ genug ist, uns zu dem Partner zu führen, mit dem wir das sogenannte „Heimatgefühl" erleben können. Heimatgefühle, ob positiv oder negativ sind Gefühle, die wir als Kind in gewissen Situationen immer wieder gefühlt haben.

Hat sich ein Kind geliebt gefühlt, so wird es dieses Gefühl in seiner späteren Partnerschaft oft spüren und erleben. Umgekehrt wird es mit hoher Wahrscheinlichkeit so sein, dass die Nähe zum Partner nicht oder nicht intensiv gespürt werden kann und man sich dadurch ungeliebt fühlt. Sich ungeliebt fühlen, ist dann das Heimatgefühl, welches der mittlerweile Erwachsene aus seiner Kindheit kennt. Dort wird er heute immer wieder ankommen, bis er beginnt, seine Persönlichkeit bewusst weiterzuentwickeln.

Wurde in der Ursprungsfamilie gerne Alkohol getrunken, wird später zu beobachten sein, dass es in der eigenen Familie oder im engsten Umfeld jemanden gibt, der auch dem Alkohol zuspricht. Selbst wenn man es als Kind verabscheute und dadurch immer wieder innere Konflikte ausgelebt hat, wird man damit konfrontiert werden, bis der innere Konflikt durchschaut und gelöst ist. Wurde Misshandlung und Brutalität vorgelebt, treffen sich sehr wahrscheinlich zwei Partner, die dadurch entstandene „Heimatgefühle" wieder ausleben können, weil sie sich entsprechend verhalten werden.

War der Vater aus beruflichen Gründen sehr viel unterwegs, worunter das Kind vielleicht gelitten hat, wird der Partner in der späteren Beziehung sehr wahrscheinlich auch sehr viel unterwegs sein, worunter der andere Partner dann leidet und dadurch sein Heimatgefühl wieder erleben kann. Das meinte Alfred Adler beispielsweise mit: „Wir sind alle Kinder, in einer alternden Haut".

Viele Menschen tappen dann die Falle der Schuldzuweisung. Sie weisen ihren Eltern und Erziehern Schuld an ihrer heutigen Situation zu. Im Grunde sind diese jedoch unschuldig, denn sie gaben nur weiter, was ihnen als Kind selbst vorgelebt wurde. Gott sei Dank werden wir alle älter und vernünftiger und erkennen, dass wir so nicht ewig weitermachen können. Im stillen Kämmerlein gestehen wir uns ein, dass wir für unser heutiges Leben selbst verantwortlich sind. Wir wissen auch, was zu tun ist, denn wir haben zu jeder Zeit die Möglichkeit uns neu zu entscheiden. Wir riechen förmlich die Freiheit, die uns neue Entscheidungen einbringen würden. Doch wie Andre Gide es ausdrückt:

„Freiheit bedeutet Verantwortung. Deshalb wird sie so gefürchtet."

Es scheint so zu sein, wie bei dem Vogel der bei geöffneter Tür weiterhin im Käfig sitzen bleibt ... Bei vielen Menschen scheint es ebenso. Doch ist es wohl vermeintlich einfacher, anderen die Schuld zuzuweisen. Die Schuld daran, dass wir uns unfrei verhalten, weil wir die Verantwortung für unser Tun fürchten. Wie oft haben wir miterlebt, dass sich Beziehungen zum Positiven verändert haben, sobald Menschen den Mut zur Veränderung aufbrachten und ihre Meinung frei äußerten.
Dazu eine kleine Anekdote[10]

[10] Rücksichtnahme a. d. Buch: Die goldenen Äpfel - Horizonte Verlag

Rücksichtnahme

Ein älteres Ehepaar feierte nach langen Ehejahren das Fest der goldenen Hochzeit. Beim gemeinsamen Frühstück dachte die Frau: „Seit fünfzig Jahren habe ich immer auf meinen Ehemann Rücksicht genommen und ihm das knusprige Oberteil des Brötchens gegeben. Heute will ich mir diese Delikatesse selbst gönnen.“

Sie schmierte sich das Oberteil des Brötchens und gab ihrem Mann das andere Teil. Entgegen ihrer Erwartung war dieser hocherfreut, küsste ihre Hand und sagte: „Mein Liebling, du bereitest mir die größte Freude des Tages. Seit fünfzig Jahren habe ich das Brötchenunterteil nicht mehr gegessen, das ich am liebsten mag. Ich dachte mir immer, du sollst es haben, weil es so gut schmeckt.“

Nach fünfzig Jahren hatte sie endlich (wenn auch nur nonverbal) den Mut aufgebracht, um ihrem Ehemann mitzuteilen, was sie wirklich wollte. Was sie damit erreichte, war Freiheit für sich und ihn. Vielleicht nehmen wir uns aus falsch verstandener Rücksichtnahme viel zu oft selbst den Mut und damit auch viele Freiheiten, die wir problemlos haben könnten ... Würden wir früher mehr Mut aufbringen, um miteinander zu reden, würde uns das die Freiheit verschaffen, wonach wir uns alle sehnen.

Die Verliebtheitsfalle

Wer ist nun schuld, wenn nicht die Eltern? Es ist deine persönliche Datenbank, die du während deiner Prägephase angelegt hast. Du wählst heute unbewusst nach deinem persönlichen „Raster" aus, welcher Mensch zu dir passt und welcher nicht. Das Fatale daran ist, dass wir alle keine andere Chance haben, bis wir unser persönliches Raster durchschauen. Das Phänomen daran ist, dass wir uns bei künftigen Partnern nach Kriterien richten, die uns gefallen, unbewusst jedoch auch GENAU nach denen, die wir bewusst ablehnen würden.

Unser Unterbewusstsein ist so genial angelegt, dass es immer kreativ genug ist, den Weg zu der auserwählten Person zu finden. Hinzu kommen: Das persönliche Raster und das Hormon Phenylethylamin. Unterliegen wir dessen Ausschüttung, sind wir erst mal ausgeliefert. Die rosarote Brille sitzt und scheinbar sind wir dazu auch noch mit Blindheit geschlagen, ohne es zu bemerken.

Wenn wir einen Menschen kennenlernen, von dem wir ausgehen, dass dieser ein potenzieller Lebenspartner werden könnte, sehen wir zunächst ausschließlich das Positive an ihm.

Was nicht so besonders gut erscheint, reden wir uns erst einmal schön. Wirkt das Hormon, sind selbst die Ruhigsten plötzlich fähig stundenlang und ohne Unterbrechung zu spreche. Es macht uns dann nichts aus, spät abends essen zu gehen, obwohl das sonst gar nicht unsere Art ist; wir telefonieren nächtelang und verzichten freiwillig auf Schlaf und denken jede freie Minute an die Person, von der wir sicher sind, dass sie in der Lage ist, uns glücklich machen zu können.

Selbst wenn die betreffende Person nicht in unserer Nähe, scheint es, als können wir sie dennoch riechen ... Wir „sehen" die schönen Haare, die Augen oder den Körperbau ganz deutlich vor uns. Wir scheinen uns ganz plötzlich verändert zu haben: Sind energiegeladen und tun Dinge, die wir lange nicht taten und wir sind optimistisch und von Lebensfreude erfüllt. JA! Verliebt sein ist ein ganz besonderer Zustand, in dem wir am liebsten dauerhaft verweilen würden.

Sicher bemerken wir hier und da auch mal etwas, das an der „geliebten" Person nicht so besonders ist, doch die Hormone ... Da wir uns während der Verliebtheitszeit in einem „verblendeten" Zustand befinden, streichen wir gedanklich alles, was die Verliebtheit stören könnte, grundsätzlich aus.

Kann die Verliebtheit täglich ausgelebt werden, passiert es nach ca. drei Monaten dennoch: Die Stimmung kippt. Glücklicherweise hält dieser Ausnahmezustand nur wenige Monate an, da es gesundheitlich sonst kaum auszuhalten wäre (nächtelang zu telefonieren und ohne Unterbrechungen miteinander zu reden, schlaflose Nächte, kaum Ruhephasen ...).

In der ersten Zeit strengen sich beide Seiten unwahrscheinlich an, um den anderen für sich zu gewinnen. Beide bemühen sich nur ihre beste Seite, die berühmte „Schokoladenseite" zu zeigen, was keinem schwerfällt, weil sie mit dem Hormon Phenylethylamin versorgt und dadurch in Hochphasen versetzt sind. Nachdem sich ein wenig Sicherheit verspüren lässt, die andere Person jetzt an sich gebunden zu haben, wendet sich das Blatt langsam. Beide spüren, dass sie sich ab jetzt nicht mehr so sehr anstrengen müssen und die unterstützende Hormonausschüttung lässt nun wieder mehr und mehr nach.

Die rosarote Brille wird nun wieder abgesetzt, wodurch klare Sicht einkehrt. Ab jetzt hält der Alltag nach und nach Einzug. Die Zeit des Erwachens beginnt ... Beide stellen gegenseitig Eigenschaften und Besonderheiten fest, die ihnen nicht besonders gefallen. Da jedoch die anfänglich schöne Zeit miteinander erlebt wurde, hält jeder daran fest. Hat doch jeder „bewiesen“, dass er den anderen versteht, und waren sie doch in der Lage, sich alle Wünsche von den Augen abzulesen ... Beide sind davon überzeugt, dass sie die richtige Wahl getroffen haben und bauen auf der Hoffnung auf, dass schon alles gut werden wird.

Ab jetzt wird gelebt, was wir in der Kindheit gelernt und beobachtet haben. Wir sind davon überzeugt, dass Ehemänner und Ehefrauen sich so verhalten müssen und so wird es mit an Sicherheit grenzender Wahrscheinlichkeit an die Nachkommen weitergegeben.

Bei Fern-, Wochenend- oder heimlichen Beziehungen verlängert sich die Verliebtheitszeit u. U. über sehr lange Zeiträume. Doch spätestens, wenn der Alltag zum Einzug bereit ist, wird sich diese schöne Zeit verabschieden ...

Das Verliebtheitsraster

Am Beispiel einer Klientin (ich nenne sie hier Sandy) zeige ich nun deren Verliebtheitsraster auf, nachdem sie ihre Partner auswählt.

Sie ist Mitte vierzig, einmal geschieden und jetzt in zweiter Ehe verheiratet. Da sie auch in ihrer zweiten Ehe sehr unglücklich ist, will sie wissen, warum sie immer wieder „den gleichen Typ“ Mann anzieht.

In einer Beratung erstellen wir ihr persönliches Verliebtheitsraster. Nach Anleitung zur Rückerinnerung in ihre möglichst früheste Kindheit, stellte sie sich den Fragen, was sie an ihren Eltern sowohl positiv, anerkennenswert und gut, als auch negativ, nervig und nicht gut fand. Nach intensiver Überlegung kamen diese Antworten:

Beim Vater

Fürsorglich, ruhig, lacht gern, ist freundlich, hilfsbereit, kann alles, kann kaum Gefühle zeigen, jähzornig, hat immer viel gearbeitet, war mehr ein Mitläufer, hat alles angepackt, introvertiert, lässt sich sehr viel gefallen, wehrt sich oft nicht, betrinkt sich öfter.

Bei der Mutter

Sehr reizbar, immer genervt, fürsorglich nach dem Motto: „Warm, satt, sauber“, kann kaum Gefühle zeigen, ist sehr eifersüchtig, ist ängstlich, zeigt Harmoniebedürfnisse, ist kreativ, ist eine sehr gepflegte Erscheinung, liebt Märchen, ist sehr sauber und reinlich, geht gerne für sich selbst einkaufen, ist extrovertiert, launisch, streitet gerne (vertreibt dadurch die Menschen in ihrer Umgebung), sie ist manchmal gastfreundlich und großzügig, sie hält das Geld sehr gut zusammen - hatte immer Geld und gab nichts davon ab - (zu teuer - können wir uns nicht leisten wie z. B. Ballett oder andere große Wünsche).

Nachdem sie diese Aufgabe erfüllt hatte, sollte sie sowohl die Eigenschaften, die ihr am besten gefielen als auch die, die sie am meisten gestört haben unterstreichen. Dabei kam folgendes Ergebnis zum Vorschein:

Beim Vater

Fürsorglich, ruhig, lacht gern, ist freundlich, **hilfsbereit**, kann alles, kann kaum Gefühle zeigen, **jähzornig**, hat immer viel gearbeitet, war mehr ein Mitläufer, **hat alles angepackt**, introvertiert, **lässt sich sehr viel gefallen**, wehrt sich oft nicht, **betrinkt sich öfter.**

Mutter

Sehr reizbar, immer genervt, fürsorglich nach dem Motto: „Warm, satt, sauber“, kann kaum Gefühle zeigen, ist sehr eifersüchtig, ist sehr ängstlich, zeigt Harmoniebedürfnisse, ist **kreativ**, ist eine sehr gepflegte Erscheinung, **liebt Märchen**, ist sehr sauber und reinlich, geht gerne für sich selbst einkaufen, ist extrovertiert, launisch, **streitet gerne (vertreibt dadurch die Menschen in ihrer Umgebung)**, sie ist manchmal gastfreundlich und großzügig, sie **hält das Geld sehr gut zusammen** - **hatte immer Geld und gab nichts davon ab** (zu teuer - können wir uns nicht leisten, wie z. B. Ballett oder andere große Wünsche)

(Sobald es möglich war, verdiente Sandy selbst Geld, um sich „etwas leisten zu können“)

Die **Gefühle**, die sie damals empfand: tiefe Traurigkeit Wut und Angst.

Nun kam die Frage: **„Was davon kennst du in deiner/n Partnerschaft/en?“**

Sandy fand so ziemlich alles in ihren Beziehungen wieder. Ihr Ehemann ist (bei anderen) sehr hilfsbereit, kümmert sich um die Familie nach dem Motto: Warm, satt, sauber und sie sagt: „er kann alles“, arbeitet immer sehr viel, hält das Geld sehr gut zusammen und er will kaum etwas davon abgeben. Immer wieder gibt es Streit um Haushaltsgeld. Er ist oft gereizt, schlecht gelaunt und streitet gerne. Besonders gern legt er sich mit Sandys Familie an, die deshalb kaum noch zu Besuch kommt. (Er hat es geschafft, sie zu vertreiben.) Gefühle zeigt er kaum noch, wenn dann nur Wut und Jähzorn, nachdem er betrunken nach Hause kommt.

Sie lebt für das gemeinsame Kind und kümmert sich kaum noch um ihn. Es scheint, als ob er nicht mehr im gleichen Boot mit ihr und dem Sohn sitzen darf und er lässt sich sehr viel gefallen. Er arbeitet hart bis spät in den Abend und meistens auch am Wochenende. Damit sie nicht immer wieder um Geld betteln muss, hat sie sich einen Minijob gesucht, um sich „etwas leisten“ zu können, denn auch sie selbst lässt sich viel gefallen, z. B., dass er ihr nie ausreichend Haushaltsgeld gibt und dass er sich ihren Familienmitgliedern gegenüber nicht gut benimmt. Sie leben in einem großen Haus, doch meist sind sie allein, denn Besuch ist in diesem Haus nicht gern gesehen. Sie sagt, dass sie ständig in Angst und Unsicherheit lebt, da sie nie weiß, wie er reagiert, sobald er nach Hause kommt. Sie ist oft wütend auf ihn, auf sich selbst und ihre gesamte Lebenssituation und meistens ist sie sehr traurig.

Auch der erste Ehemann wies sehr viele Eigenschaften aus ihrem persönlichen Raster vor, dennoch war er eher friedliebend, weil er sich alles gefallen ließ.

Sie weiß, dass sie andere Möglichkeiten hätte. Da gäbe es die Möglichkeit zur Paar- oder Einzelberatung. Trennung wäre eine weitere Möglichkeit (woran professionelle Berater erst denken, nachdem alle anderen Möglichkeiten ausgeschöpft und gescheitert wären). Sie hätte keine finanziellen Sorgen, denn in ihrem Elternhaus steht eine mietfreie Wohnung für sie zur Verfügung ...

Es gibt immer mehrere Ansätze solche Probleme zu lösen, doch in Sandys Fall scheint es, als wolle sie ihre „Heimatgefühle" weiterhin ausleben. Sie hat die Therapie bis auf Weiteres abgebrochen. Manche Menschen verrennen sich in ihrem Unglück und finden den Weg nicht mehr heraus.

Anhand des Verliebtheitsrasters ist zu erkennen, wie stark die Prägungen der Kindheit in uns arbeiten. Es gibt viele Wege, selbst eine Partnersituation wie Sandy sie lebt, wieder auf den rechten Weg zu bringen. Eine Trennung oder Scheidung sollte immer die letzte Option sein, denn solange wir uns nicht mit unseren eigenen Mustern auseinandersetzen und an uns arbeiten, werden wir immer wieder den gleichen Partnertyp auswählen und uns stets im Kreis drehen.

Dein persönliches Verliebtheitsraster kannst du mit einem individualpsychologischen Berater herausfinden. Wichtig zu wissen ist, dass es bei uns allen vorhanden ist, um selbst besser erkennen zu können ...

Die Familiengruppierung oder Familienkonstellation

Unter Familienkonstellation vorstehen wir individualpsychologisch, die Gruppierung der Herkunftsfamilie. Sie ist u. a. auch Grundlage für die Bildung des Charakters/ Lebensstils und damit sehr wichtig, die eigene Persönlichkeit besser zu verstehen. Dabei ist erstrangig wichtig, welche Geschwister untereinander spezifische Interaktionsmuster aufrechterhielten. Nicht zu unterschätzen sind ebenso Familienmitglieder (wie z. B. Fehlgeburten, bereits verstorbene Geschwister oder Schwangerschaftsabbrüche), die gar nicht am Familienleben teilhaben konnten. Alle Bezugspersonen im näheren Umfeld, wie z. B. Großeltern, Babysitter, Tagesmütter und Erzieher in Kindertagesstätten spielen ebenfalls eine große Rolle. Selbst wenn sie nicht unmittelbar zur Ursprungsfamilie gehörten, spielen sie dennoch tragende Rollen, die sich auf die Charakterbildung eines Kindes auswirken können.

Durch die Geburtenfolge erlangt jedes Kind eine bestimmte Rangposition. Diese Position wird von dem jeweiligen Kind zu seinen primären Meinungsbildungen genutzt. Üblicherweise gibt es vier Grundpositionen:

1. Erstgeborenes - ältestes Kind
2. Zweitgeborenes - mittleres Kind
3. Jüngstes Kind
4. Einzelkind

Es ist möglich, dass ein Kind unter bestimmten Umständen auch zwei Positionen einnehmen kann. So kann es für mehrere Jahre Einzelkind sein und sobald Familienzuwachs kommt, wird es zum ältesten Kind.

Ein Zweitgeborenes kann mehrere Jahre jüngstes Kind sein, bis nach gewissem Abstand ein weiteres Geschwister geboren wird, wodurch es dann zum mittleren Kind wird.

Bei Großfamilien, in denen es sechs und mehr Kinder gibt, wird eingruppiert. So kann sich beispielsweise ein Viertgeborenes von sechs Geschwisterkindern Eigenschaften eines ältesten oder mittleren Geschwisters aneignen. Eventuell auch eine Mischung aus beiden. Die Individualität des Einzelnen ist nur durch eine Charakter-/Lebensstilanalyse zu erfahren.

Die Geschwisterreihe

Die Bedeutung von Geschwistern wurde lange Zeit unterschätzt, doch sie gewinnt zunehmend an Bedeutung und das nicht nur, weil sie i. d. R. die am längsten anhaltende Beziehung im Laufe unseres Lebens ist.

Grundsätzliche Unterscheidungen sind durch die Geburtenfolge feststellbar. Wir sprechen von Erstgeborenen, zweitgeborenen oder mittleren Kindern, (bei drei Geschwistern) auch „Sandwichkind“ genannt, weil es zwischen älterem und jüngerem Geschwister steht. Die Geschwisterreihe hat eine tragende Rolle für die Entwicklung von Stärken und Schwächen des Einzelnen. Auch der Altersabstand spielt eine Rolle. Beträgt dieser etwa ein Jahr, stellt es kein sehr großes Problem für das ältere Geschwister dar, weil es mit Selbstverständlichkeit in seine Rolle wuchs. Bei einem Abstand von ca. drei Jahren nimmt das ältere Geschwister das Hinzukommen eines weiteren Geschwisters bereits als sehr intensiv wahr, was Probleme mit sich bringen kann.

Liegen zwischen den Geschwistern mehr als acht Jahre, ist dies für die Entwicklung des älteren Geschwisters nicht mehr so gravierend, da sich beide dann mehr in Richtung Einzelkind entwickeln.

Erstgeborenes - ältestes Kind

Zunächst ist festzuhalten, dass jedes erstgeborene Kind (solange es keine weiteren Geschwister gibt) für eine bestimmte Zeit als Einzelkind gilt.

Es wird als ganz besonders angesehen und kommt so in den Genuss eines Prinzen- oder Prinzessinnendaseins, in dem paradiesische Zustände herrschen. Da es (noch) keine „Mitbewerber“ gibt, steht es stets im Mittelpunkt von willigen „Wunscherfüllern“ - seinen Eltern. Wettbewerbssituationen andere Geschwister betreffend sind kein Thema, wodurch der Hoheit somit die ganze Aufmerksamkeit sicher ist.

Folgt das zweite Kind, ist das Ältere dem Jüngeren durch seine bereits vorhandene Selbstständigkeit, Verantwortlichkeit und Fürsorge überlegen. Im Erwachsenenalter kennzeichnen meist diese Eigenschaften ältere Geschwisterkinder. Sie erleben oft eine Art Doppelbelastung, weil sie einerseits darauf achten müssen, dass sie nicht vom jüngeren Geschwister überholt werden und andererseits der eigenen Entwicklung wegen nach vorne schauen müssen.

Wer Erster ist, will Erster bleiben und wird alles daran setzen, dass es auch so bleibt. Erstgeborene können zu Perfektionismus neigen. Diese Neigung entsteht aus dem Ehrgeiz, besser sein zu wollen. Sie übernehmen meist viel Verantwortung und üben Kritik an den Geschwistern, was sie vermeintlich „oben“ hält. Zudem haben sie gerne das Sagen und benehmen sich, als seien sie der Chef im Ring. Sie erteilen Befehle, kommandieren gerne und behandeln ihre Geschwister zeitweilig, als seien diese unfähig. Als Erwachsene wirken ältere Geschwister meist sehr ernsthaft in den Gesichtszügen.

Wird ein Erstgeborenes nicht gut auf das Geschwister vorbereitet, kann dieses Erlebnis traumatische Folgen haben, die nachhaltige Probleme bereiten können. Minderwertigkeitsgefühle durch gefühlte Herabsetzung könnten möglich sein. Des Weiteren könnte ständige Überlastung und Überarbeitung ein Thema werden, da das ältere Geschwister sich immer wieder beweisen will, dass es das Beste und nicht so einfach zu überholen ist.

Zweitgeborenes - mittleres Kind

Durch die Geburt des Zweitgeborenen folgt die unbewusste „**Entthronung**" des Erstgeborenen. Da die Eltern sich nun dem kleineren Kind mehr zuwenden müssen, empfindet das jetzt ältere Geschwister den Familienzuwachs oft als schmerzlichen Einschnitt, denn es verliert nun die ungeteilte Zuwendung seiner Eltern. Diese sogenannte **Entthronung** kann u. U. als sehr intensiv erlebt werden. Wie bereits erwähnt, hängt sie jedoch stark vom Altersunterschied der Geschwister ab.

Dazu folgendes Beispiel: Ein Ehemann verheiratet mit einer blonden gut aussehenden Frau, die gut kochen aber nicht gut backen kann, kommt nach Hause und sagt: „Hallo Schatz! Ich habe eine hübsche, schwarzhaarige Freundin für dich mitgebracht. Sie kann sehr gut backen und zieht ab heute bei uns ein."

Was würde passieren? Die Ehefrau würde sich minderwertig und herabgesetzt fühlen ... Was genau bei der Geburt eines Geschwisters passiert ist unklar. Das Wichtigste vor der Geburt eines Geschwisters ist eine gute Vorbereitung der bereits in der Familie lebenden Kinder.

Zweitgeborene werden i. d. R. nicht mehr so sehr verwöhnt, wie Erstgeborene. Da die Eltern die Vorgänge nun schon kennen und etwas routinierter sind, ist das Ereignis nicht mehr so ungewöhnlich, wie bei der ersten Geburt.

Wenn Zweitgeborene nach relativ kurzer Zeit folgen, wird es später mit an Sicherheit grenzender Wahrscheinlichkeit in Konkurrenzkampf mit dem Erstgeborenen treten. Es lernt schnell und setzt sich unter Druck, weil es meint, das ältere Geschwister überholen zu müssen. Da einige Nischen durch das Erstgeborene bereits besetzt sind und es fühlt, dass es zu anstrengend wäre, diese zu übertrumpfen, wird es sich andere Nischen aussuchen und sich dabei anstrengen, beste Ergebnisse zu liefern. Untereinander kann sich unbewusst eine Rivalitätsbeziehung entwickeln. Es kann passieren, dass das ältere Geschwister nicht mehr mithalten kann, den Kampf auf- und seine Rolle abgibt. So kann durch Überholung und Schnelligkeit, das Zweitgeborene zum Ersten und „Besseren“ werden, was dazu führen kann, dass das ältere Geschwister entmutigt ist und resigniert.

Jüngstes Kind

Erblickt ein weiteres Kind in dieser Familie das Licht der Welt, wird das Zweitgeborene nun zum mittleren, dem sogenannten „Sandwichkind“, da das Dritte nun das jüngste Kind ist und das Zweite in die Mitte rutscht.

Mittleres Kind

Mittlere Kinder haben Schwierigkeiten ihre eigene Rolle zu finden, da sie nicht wissen, ob sie sich am älteren oder jüngeren Geschwister orientieren sollen. Sie fühlen sich oft ungerecht behandelt, weil sie weder die Rechte des älteren noch die Vorteile des jüngeren Geschwisters haben. Schauen sie auf das ältere Geschwister stellen sie fest, dass das schon gewisse Dinge darf, was ihnen noch untersagt ist. Schauen sie auf das Jüngere erkennen sie, dass ihnen gewisse Dinge nicht mehr zugestanden werden, die nun dem Jüngsten zugutekommen. Unser Ausbilder gab das Beispiel: „Die zwei Großen räumen jetzt den Tisch ab und danach gehen die zwei Kleinen ins Bett.“ Das Mittlere hat dabei immer die schlechtere Karte gezogen - es ist immer dabei.

Durch das subjektive Gefühl, ungerecht behandelt zu werden, entwickelt es durch all seine Beobachtungen und

Erfahrungen ein gutes Gespür für Ungerechtigkeiten. Mittlere Kinder wirken oft traurig und schmollen schnell.

Minderwertigkeitsgefühle sind bei mittleren Kindern keine Seltenheit, weil sie sich schnell mit anderen Menschen vergleichen und dabei immer etwas entdecken werden, was sie besser finden usw. Wenn es nicht gut läuft, kann es sein, dass sie anderen Menschen gegenüber großes Misstrauen entwickeln. Ebenso Neid und Eifersucht, weil sie zwangsläufig lernen mussten, dass sie eindeutig im Nachteil waren. Die Großen machen jetzt ... und die Kleinen gehen dann ins Bett ...

Genau betrachtet haben sie ein wesentlich größeres Spektrum an Verhaltensweisen, als ihre Geschwister, da sie von „oben" und „unten" lernen konnten, was leider oft erst in späteren Jahren erkannt wird. Mittlere Kinder sind im Berufsleben nicht selten erfolgreicher als ihre Geschwister.

Jüngste Kinder

Sie sind meist die Hübschesten aus der Familie. Man beobachtet kleine freundliche Charmeure, die Menschen anstrahlen und positiv durch die Welt gehen. Dabei sind sie meist sehr diplomatisch und verstehen es gut, andere durch Charme und Diplomatie in ihren Dienst zu stellen. Bevor man merkt, was gelaufen ist, ist die Aufgabe für das Jüngste bereits erledigt. Auf geheimnisvolle Weise schafft es immer wieder, dass andere tun, was es will und braucht.

Meist sind sie das Nesthäkchen, das gerne von allen verwöhnt wird. Wenn sie noch klein sind, nehmen andere ihnen schnell Arbeiten und Entscheidungen ab, die sie bereits selbst erledigen könnten ... Das passiert meist dadurch, dass Eltern und Geschwister zu ungeduldig sind und davon ausgehen, dass alles viel schneller geht, wenn sie übernehmen. Das jüngste Kind entwickelt dadurch das Gefühl, nicht ernst genommen zu werden, zu klein zu sein und Aufgetragenes nicht zu schaffen. Zudem kann es im Erwachsenenleben Schwierigkeiten bekommen Entscheidungen zu treffen und es kann ihm schwerfallen Verantwortung übernehmen zu wollen. Es will sich nicht festlegen, denn es könnte ja immer eine Fehlentscheidung sein. Beim letzten und jüngsten Kind wird „klein sein“ als anhaltend empfunden, weil es keine jüngeren oder weiteren Geschwister mehr gibt.

Da es mit den älteren nicht Schritt halten kann, ist der Ansporn groß, an die anderen Geschwister heranzukommen, um sie zu überholen, was zu Unstimmigkeiten führen kann.

Als Kleinste fühlen sie oft Hilflosigkeit, die von den Eltern und älteren Geschwistern gerne als Auftrag zur Fürsorge verstanden wird.

Im Erwachsenenalter werden männliche jüngste Kinder es aufgrund rollenspezifischer Erwartungen eher schwer haben sich hilflos zu zeigen. Den weiblichen jüngsten Kindern wird es eher leicht fallen. Während ältere und mittlere Kinder gerne alles selbst erledigen, wird das jüngste Kind kaum Probleme haben sich helfen oder unterstützen zu lassen.

Das Einzelkind

Einzelkinder sind wie erstgeborene „besondere“ Kinder. Da sie nie in Wettkampf treten müssen, entwickeln sie das Gefühl der Besonderheit und leben in fast paradiesischen Zuständen. Alle lesen ihm seine Wünsche von den Augen ab und wollen nur sein Bestes. Diesen Anspruch erheben viele Einzelkinder später noch als Erwachsene. Spätestens ab dem Kindergartenalter gibt es Übungsmöglichkeiten, um den Umgang mit anderen Kindern zu erlernen. Sie haben seit frühester Kindheit geübt auf andere zuzugehen und es wird deshalb kein Problem für sie darstellen Freundschaften zu schließen.

Im Gegensatz zu Erstgeborenen genießen Einzelkinder den großen Vorteil nie entthront werden zu können. Sie stehen stets im Mittelpunkt, die Aufmerksamkeit ist ihnen sicher und sie sind gewohnt, dass sie „den Ton angeben“ dürfen. Als Erwachsene sprechen sie so manches Mal (unbewusst) in herrschendem Ton mit Eltern, Großeltern und ihrem Umfeld.

Einzelkinder entwickeln sich meist zu sehr verantwortungsbewussten Menschen und fühlen sich in den meisten Fällen für ihre Eltern verantwortlich. Sie lernen sehr früh, sich mit sich selbst zu beschäftigen und entwickeln dadurch eine große Selbstständigkeit. Es ist auch zu beobachten, dass sie sowohl mit jüngeren, als auch mit älteren Leuten gut umgehen können, dafür jedoch seltener mit gleichaltrigen. Als Kleinkind scheinen sie oft altklug und wirken dadurch erwachsener, als sie es optisch sind.

Alfred Adler stellte fest, dass männliche Einzelkinder dem Vater gegenüber ein „Wettbewerbsgefühl“ entwickeln, da dieser die harmonische Beziehung zur Mutter stört. Bei Mädchen ist das umgekehrt der Fall mit der Mutter.

Da es sich bei allen Beschreibungen um Entwicklungen handelt, die zahlreich erkennbar sind, bleiben es dennoch statistische Analysen wissenschaftlicher Faktoren. Denn wie Alfred Adler immer wieder betonte, kann alles auch ganz anders sein.

So ist auch wichtig zu erwähnen, dass nicht alle Einzelkinder gleichzeitig besondere Kinder für ihre Eltern sind. Waren sie unerwünscht oder wurden unehelich geboren, war es sicher nicht der Fall. Auch jüngste Kinder werden nicht in allen Familien verwöhnt.

Für die Entwicklung von Kindern sind Faktoren wie z. B.: Die Familienatmosphäre (chaotisch, spontan, ordentlich, unordentlich etc.), der Erziehungsstil (demokratisch, autoritär usw.) von großer Bedeutung. Auch die Vermittlung soziokultureller Vorstellungen (z. B. Rituale) und die Konfessionszugehörigkeit, die je nach Kultur eine besonders große Rolle spielen kann, muss betrachtet werden.

Längere Geschwisterreihen

Bei mehr als drei Kindern bilden sich häufig Gruppen. Meistens harmonieren das Erst-, Dritt-, Fünft- oder Siebtgeborene gut zusammen und das Zweit-, Viert- Sechst- oder Achtgeborene usw. Spannungen treten meistens zwischen erstem und zweiten oder dritten und vierten Kind auf, weil die Konkurrenz unmittelbar größer ist.

In längeren Geschwisterreihen muss jedes Kind seinen Platz finden und ist bei dessen Auswahl sehr kreativ. Es spürt förmlich, wo es Sinn macht sich anzustrengen, ebenso wo es keinen Sinn macht. Rudolf Dreikurs, ein Schüler Alfred Adlers sprach hier von der „Nischeneinteilung“.

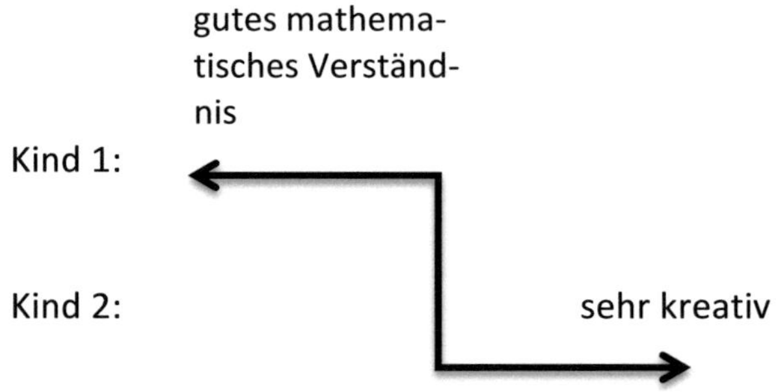

Das erste Kind kann sehr gut rechnen. Das zweite Kind erkennt das und entscheidet sich für die Kreativität. Das dritte Kind erkennt wiederum, dass bereits zwei Nischen besetzt sind und entscheidet sich für das Fach Musik.

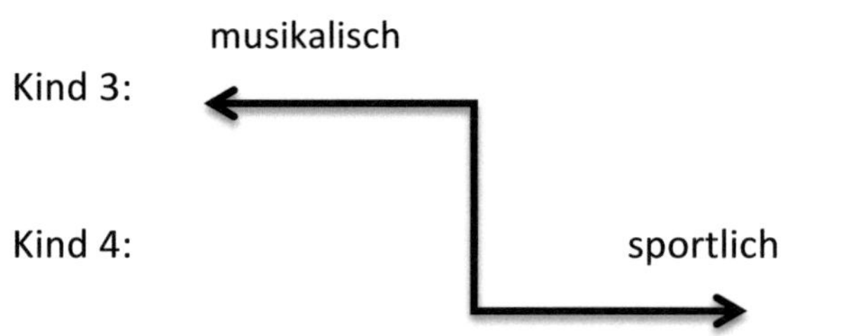

Für jedes weitere Kind wird es enger. Für das vierte Kind sind in unserem Beispiel bereits drei Nischen besetzt, deshalb entscheidet es sich für Sport.

Nachdem wir nun viel über die Geschwisterreihen, Familienkonstellation etc. erfahren haben ist es nicht mehr verwunderlich, dass man Eltern oft sagen hört: „Fünf Kinder und jedes ist anders."

In sehr seltenen Fällen ergibt es sich, dass alle Kinder in die gleiche Richtung gehen. Dies ist meist der Fall, wenn sie aus welchem Grund auch immer, die meiste Zeit sehr eng mit- und untereinander verbringen müssen. Ein Beispiel hierfür ist die Kelly Family. Das Oberhaupt der Familie, Vater Dan, verachtete das in Amerika herrschende Schulsystem und den Konsumzwang. So zog er mit seiner Familie durch die Lande und unterrichtete seine Kinder zu Hause. Anstelle von Fernsehen oder Radio hören, lernte der Nachwuchs verschiedene Musikinstrumente kennen und alle haben immer zusammen gesungen. Solange die Eltern lebten, waren die Familienmitglieder kaum voneinander getrennt.

Stärken und Schwächen

Was sind Stärken? Was sind Schwächen?

Wo auch immer man in der Geschwisterreihe steht, entwickelt jeder sowohl Stärken als auch Schwächen. Somit steht fest, dass jeder Mensch sowohl, als auch hat. Stärken werden als Eigenschaften beobachtet, die uns in irgendeiner Weise voranbringen. Eigenschaften, wodurch wir uns gut, sicher und stark fühlen. Als Schwächen hingegen werden Eigenschaften angesehen, die uns nicht in irgendeiner Weise voranbringen und uns in der persönlichen Entwicklung blockieren und durch die wir uns nicht gut, unsicher oder schwach fühlen.

Grundsätzlich liegen Stärken und Schwächen immer in den Augen des jeweiligen Betrachters und ist von dessen Bewertung abhängig. Als Beispiel: Die Genauigkeit. Grundsätzlich scheint sie eine Stärke zu sein. Übertreibt jemand damit und wird pedantisch, so sehen wir Genauigkeit nicht mehr als Stärke an. Stärken, können sich schnell in Schwächen umwandeln und lästig werden. Somit können wir nun festhalten, dass jede Stärke, wenn sie jemand im Übermaß auslebt, eher lästig oder zur Last (für sich selbst oder andere) wird, weil es zunächst nicht nur den Menschen schwächt, der sie im Übermaß auslebt, sondern auch seine Beziehungen und sein Umfeld.

Wir können beispielsweise Verantwortungsbewusstsein als Stärke ansehen. Beobachten wir jedoch, dass jemand ständig und überall die Verantwortung an sich reißt, betrachten wir es nicht mehr als Stärke. Verantwortungsvoll oder genau zu sein ist augenscheinlich gut, doch zu denken, dass man nur dann dazugehört, wenn man grundsätzlich Verantwortung auf sich nimmt oder alles bis ins kleinste Detail ausarbeitet, ist eher eine große Last, die auf Dauer zu viel Druck ausübt. Perfektionisten sind kaum zufriedenzustellen und prädestiniert für ein künftiges Burnout.

Werden Stärken bei sich selbst und anderen erkannt, kann jeder Mensch den richtigen Platz in der Familie, am Arbeitsplatz oder wo auch immer finden, indem seine Stärken nutzbringend eingesetzt werden.

Die ermutigende Nachricht an alle ist:

Du bist Du, und so, wie Du bist, bist Du gut genug!

Schon viele Menschen wünschten einen anderen Platz in der Geschwisterreihe, was leider immer verlorene Liebesmühe war. Durch die folgende Geschichte „Der Weglauftag" von Lilian Moore[11], wird deutlich, warum alles gut ist, so wie es ist.

---

[11] aus: Humpty Dumpty's Magazine. Übersetzung: Gerda Wichtmann - auch i. d. Erziehungsratgeber „Mit Kindern in Frieden leben" über d. RDI-VERLAG zu finden

„Der Weglauftag“

Die geschwätzige Elster saß auf dem längsten Ast ihres Lieblingsbaumes und schaute sich die Gegend an. "Skrak! Skrak!", sagte die Elster zu sich selbst. "Was für ein langweiliger Tag heute. Nichts und niemand ist unterwegs!" Genau in diesem Moment sah sie jemanden die Straße herunterkommen. "Das ist aber jemand sehr Kleines", dachte die Elster. "Wer kann das sein?"

Der Kleine kam näher. "Skrak! Skrak! Sieh mal einer an!" sagte die Elster, "wenn das mal nicht der kleine Dachs ist! Was will der wohl zu so später Stunde hier draußen? So weit weg von zu Hause!"

Es war der kleine Dachs. Und er war schon sehr weit von seinem Zuhause entfernt. Über der Schulter trug er einen Stab. Sein Taschentuch hatte er zu einem Säckchen zusammengebunden und an das Stabende gehängt. "Hallo, kleiner Dachs", rief die Elster. "Bist du nicht etwas zu spät unterwegs?" "Ja, das bin ich!" sagte der Dachs. Und er klang sehr wütend. Nun, wer die geschwätzige Elster kennt, weiß, dass sie sehr neugierig ist und nun genauer wissen musste, was passiert war. "Was ist los, kleiner Dachs?" fragte sie. "Ist etwas nicht in Ordnung?" "Ich bin von zu Hause weggelaufen", sagte der kleine Dachs, "das ist los!" "Ist das möglich!" sagte die Elster voller Überraschung. "Und darf ich fragen, wohin du gehst?" "Ich suche mir eine andere Familie", sagte der kleine Dachs ärgerlich. "Ich habe es satt, immer der Jüngste zu sein. Ich suche mir eine Familie, in der ich der Älteste bin!" "Oh, ich verstehe", sagte die Elster, obwohl sie keine Ahnung hatte, was der kleine Dachs meinte.

Wie dem auch sei. Wenn die Elster etwas noch mehr liebte, als sich in Angelegenheiten anderer Leute einzumischen, dann war es, ihnen Ratschläge zu geben. So sagte sie: "Dort drüben ist ein guter Platz zum Schlafen. Es wird schon spät, und du willst morgen früh sicher wieder erholt weitersuchen. Oder?" Der Dachs bedankte sich bei der Elster und machte sich sein Nachtlager zurecht.

Die Elster saß auf dem längsten Ast ihres Lieblingsbaumes und schaute sich die Gegend an. Es dauerte nicht lange, da sah sie schon wieder jemanden die Straße herunterkommen. "Wer könnte das sein?" dachte die Elster. "Der ist auch nicht gerade sehr groß." Es war der kleine Hase. "Hallo, kleiner Hase", rief die Elster von ihrem Lieblingsbaum herunter. "Was um Himmels Willen tust du noch so spät hier auf der Straße - so weit weg von zu Hause?" "Ich laufe von zu Hause weg", sagte der Hase. "Das mache ich!" Die Elster war so überrascht, dass sie um Haares Breite von ihrem Ast heruntergefallen wäre. "Noch jemand", dachte sie. "Guck mal einer an!" sagte sie laut. "Kann es sein, dass du gerade dabei bist, eine neue Familie zu suchen?" "Genau das bin ich!" sagte der kleine Hase. Und er war ziemlich aufgeregt. "Gewiss, genau das bin ich." "Ich weiß", sagte die Elster und kam sich unglaublich klug vor. "Du suchst eine Familie, in der du der Älteste sein kannst. Stimmt's?" "Der Älteste", schrie der kleine Hase wutentbrannt. "Niemals. Das weiß ich gewiss. Oh, nein! Ich suche eine Familie, in der ich der Jüngste sein kann, und wo ich mal das Vergnügen habe. Meine Mutter hatte für mich niemals Zeit."

Arme Elster. Sie war ziemlich verwirrt. Sie erzählte dem Hasen von einem guten Übernachtungsplatz, dann setzte sie sich in ihren Lieblingsbaum und dachte noch einmal über alles nach. Die Elster kam nicht sehr weit, weil sie schon sehr bald jemanden die Straße herunterkommen sah.

Dieses Mal war es der kleine Waschbär. "Hallo, kleiner Waschbär", rief die Elster. "Und wohin gehst du um diese Zeit?" "Ich weiß nicht, wohin ich gehe", sagte der kleine Waschbär. "Ich weiß nur, dass ich von etwas weglaufe. Und zwar von zu Hause." Die Elster schüttelte ihren Kopf. "Dies ist wirklich ein echter Weglauf-Tag. So etwas habe ich noch nie erlebt", sagte sie. "Erzähl mal. Suchst du eine Familie, wo du der Älteste sein kannst, oder suchst du eine Familie, in der du der Jüngste sein kannst?"

"Es ist mir egal, ob der Jüngste oder der Älteste", sagte der Waschbär traurig. "Ich will nur auf keinen Fall der Mittlere sein." Arme Elster. Sie war inzwischen so verwirrt, dass sie nicht mehr wusste, was sie noch denken sollte. Vielleicht würde es ihr helfen, wenn sie die Wegläufer mal alle zusammen sehen würde. "Komm mit mir, kleiner Waschbär", sagte die Elster. "Ich zeige dir einen guten Platz, wo du übernachten kannst." Der Waschbär folgte der Elster zu der Lichtung bei dem Bach. Dort fanden sie den kleinen Dachs und den kleinen Hasen. "Ich habe euch einen Freund mitgebracht", sagte die Elster. "Er ist auch weggelaufen." Die Elster hüpfte auf den Baum in der Nähe des Dachses. "Sag mal, kleiner Dachs", sagte sie, "hast du mir nicht erzählt, du seist von zu Hause weggelaufen, weil du der Jüngste bist?" "Ja, das stimmt", sagte der Dachs. Der kleine Hase schaute völlig verwundert zu dem Dachs herüber. "Das ist verrückt!" sagte er. "Stell dir so etwas Unsinniges vor - von zu Hause weglaufen, weil man der Jüngste ist! - Warum? Das ist doch das Beste, was einem passieren kann." "Ist es nicht", meinte der kleine Dachs. "Mein großer Bruder hat es viel besser. Sie lassen mich nicht mitspielen, weil ich ihnen noch zu klein bin. Oh, nein, der Älteste hat es am besten."

"Nun, ich bin der Älteste!" rief der kleine Hase verärgert. "Und ich weiß, dass es der Jüngste am besten hat. Ich muss alle Aufgaben im und um das Haus herum erledigen. Und der Jüngste sitzt immer nur auf Mutters Schoß." "Komm, komm", rief der kleine Dachs. "Du bist doch derjenige, der von Vati mit zum Jagen genommen wird, weil du der Älteste bist. Oder stimmt das etwa nicht?" "Stimmt das etwa nicht?" wiederholte der kleine Hase. "Und macht deine Mutter nicht wegen dir den größten Aufwand, weil du der Jüngste bist?" Dann meldete sich der kleine Waschbär zu Wort. "Ihr seid doch beide völlig verrückt", sagte er verdrießlich. "Es ist doch wunderbar, der Älteste oder der Jüngste zu sein. Aber wenn man der Mittlere ist, dann kann man einfach nichts machen! Du bist zu groß, um auf Muttis Schoß zu sitzen und zu klein, um mit Vati auf die Jagd zu gehen." "Das stimmt nicht", schrie der Hase. "Mein mittlerer Bruder hat es viel besser als ich. Er braucht niemals bei einer Arbeit mitzuhelfen. Aber ich muss ständig irgendetwas tun, weil ich der Älteste bin." "Und meine mittlere Schwester hat es auch viel besser als ich", sagte der Dachs. "Sie muss nicht ständig zu Hause bleiben. So wie ich das immer muss. Weil sie eben nicht die Jüngste ist. Das ist ungerecht."

Die Elster sprang ständig auf ihrem Ast vor und zurück, damit sie auch ja alles mitbekam, was gesprochen wurde. Schließlich blieb sie still sitzen und schaute zu den Tieren herunter. Dann sagte sie langsam: "Es scheint, dass jeder seinen Platz in der Familie hat." Die Tiere senkten ihre Köpfe. "Und", fuhr die Elster fort, "es scheint, dass es nichts ausmacht, welchen Platz man hat, damit man damit zufrieden ist." Die drei schauten einander an, aber niemand sagte etwas. "Nun denn! Dann gute Nacht!" sagte die Elster und sprang auf den längsten Ast ihres Lieblingsbaumes und versteckte ihren verwirrten Kopf unter ihrem Flügel. Aber sie legte sich noch nicht schlafen. Mit einem halboffenen Auge beobachtete sie die Straße. Schon bald sah die Elster jemanden auf Zehenspitzen aus der Lichtung bei dem Bach kommen. Es war der kleine Dachs mit seinem Stab und dem Säckchen auf der Schulter. Aber wohin ging er? Nicht die Straße herunter. Oh, nein! "Ich stelle fest", sagte die Elster zu sich selbst "der kleine Dachs wendet sich direkt nach Hause. Geradewegs nach Hause, um wieder der Jüngste zu sein!"

Es wurde immer dunkler. Und trotzdem sah die Elster eine Minute später schon wieder jemanden aus der Lichtung bei dem Bach kommen. Es war der kleine Hase. Er schaute sich um, um sich zu vergewissern, dass ihn auch ja niemand sah. Er rannte den Weg herauf, direkt zu der Straße, die nach Hause führte. "Nach Hause, um wieder der Älteste zu sein!" lachte die Elster in sich hinein. Dann, gerade bevor es völlig dunkel geworden war, erspähte die Elster den kleinen Waschbären, wie er von der Lichtung geschlichen kam. Er blickte sich sorgfältig um, dann schlug auch er den Weg ein, den er gekommen war. Nach Hause, um wieder der Mittlere zu sein. "Nun denn", sagte die Elster, "was wie ein Weglauf-Tag begonnen hat, scheint sich jetzt in einen Heimkehr-Tag zu verwandeln. - Was für ein Weglauf-Tag mag das sein?" fragte die Elster die Welt, "an dem sich die Wegläufer entscheiden, letztlich doch nicht wegzulaufen?"

So wie du bist, bist du gut genug

An welcher Stelle auch immer du in der Geschwisterreihe stehst, du kannst sicher sein: Sie ist genau die RICHTIGE! Älteste Geschwister entwickeln andere Stärken als mittlere oder jüngste Geschwister und Einzelkinder entwickeln wieder andere Stärken. Sicher ist nur in jedem Fall, **dass *du so wie du bist, gut genug bist***.

Als Trainingsleitung wird in den Encouraging-Training-Seminaren immer mal wieder die Frage gestellt: „Warum nur gut genug und nicht nur GUT?“ Die Antwort lautet immer: „Weil kein Mensch nur gut ist. Wir ALLE haben Stärken und Schwächen und sind deshalb „nur“ gut genug. Mit anderen Worten beschreibt diese Aussage, dass wir alle in Ordnung sind, so wie wir sind. Wir geben alle das, was uns was uns im jeweiligen Moment an Ressourcen zur Verfügung steht und somit immer das Beste, was wir haben. Da kein Mensch auf dieser Welt ausschließlich gut ist oder nur Gutes zu geben hat, sind wir GUT GENUG, so wie wir sind.

Hier eine kleine Übung für unterwegs: Sag dir immer wieder und so oft es geht:

„Ich bin ich und so wie ich bin, bin ich gut genug!“

Wenn du es lange genug trainierst, wird es zu deiner inneren Haltung und du wirst feststellen, dass du dich besser fühlst. Wenn du das erreicht hast, dann kannst du in deinem Umfeld weiter üben, indem du den Satz erweiterst:

„Ich bin ich und so wie ich bin, bin ich gut genug! - und du auch!“

Die vier priorisierenden Charakterzüge, Dispositionen oder Orientierungen

Den menschlichen Charakter betreffend gibt es viele Anschauungsbilder. In der Individualpsychologie sprechen wir von den „vier Prioritäten“, wobei es sich um Dispositionen oder priorisierende Charakterzüge handelt, die durch prägende Begebenheiten bereits in der Kindheit festgelegt werden.

Das Prioritätenmodell, das ursprünglich durch Rudolf Dreikurs entstand, wurde 1971 durch **Nira Kefir**[12], einer Psychologin in Tel Aviv als Modell in seiner damals embryonalen Form, während einer Tagung unter Leitung von Rudolf Dreikurs in Israel vorgestellt. Bill Pew, ein Psychologe aus den USA, baute darauf auf und in Deutschland wurde durch Theo Schoenaker und Albrecht Schottky u. a. auch durch ihr Buch[13] „Was bestimmt mein Leben?“, die mir bekannteste und ausführlichste Beschreibung der vier Prioritäten geschaffen und zu dem weiterentwickelt, wie sie heute ist. Nira Kefir nannte in ihrer Darstellung, der Impasse Priority Therapy folgende vier „Persönlichkeitsprioritäten“:

1. Der Selbstbeherrschte (controller)
2. Der Beflissene (pleaser)
3. Der moralisch Überlegene (morally Superior)
4. Der Vermeider (avoider)

Ebenfalls nennt sie dort die vier Sackgassen; Dinge, die

[12] Kefir, Nira: „Impasse-Priority-Therapy“ in: Handbuch der Psychotherapie. R. J. Corsini. Beltz-Verlag 1983. S. 368 ff.

[13] Was bestimmt mein Leben? - Wie man die Grundrichtung des eigenen Ich erkennt - aus dem RDI-VERLAG

vermieden werden sollen als „basic impasses“:

1. lächerlich zu erscheinen
2. abgelehnt zu werden
3. bedeutungslos zu sein
4. Stress zu vermeiden.

Zum besseren Verständnis wird hier lediglich das Grundgerüst mit einigen Beispielen vorstellt. Durch die Weiterentwicklung der Prioritäten hat sich mit der Zeit auch die Benennung dieser vier Merkmale verändert. So nannten Schottky und Schoenaker sie:

1. Überlegenheit
2. Kontrolle
3. Gefallen wollen
4. Bequemlichkeit

Und weil es sich um Orientierungen handelt, nenne ich sie nun:

1. Die Leistungs-Orientierung
2. Die Sicherheits- Orientierung
3. Die Harmonie-Orientierung
4. Die Orientierung zur Gelassenheit

Wobei sich die o. g. Benennung der vier Sackgassen nicht grundlegend verändert, sondern erweitert hat.

Wichtig zu wissen ist: Wenn wir über Prioritäten sprechen, ist der Zusammenhang zwischen Prioritäten und Lebensstil nicht ganz eindeutig. Jedoch kann gesagt werden: Die Priorität ist **nicht** der Charakter/Lebensstil und der Charakter/Lebensstil des Einzelnen, ist **nicht** seine Priorität, **obwohl** es sehr viele Überschneidungen gibt.

Wie wir bereits wissen, hat jeder Mensch seinen einzigartigen Charakter/Lebensstil. Für Menschen, die genauer wissen wollen was sie „**antreibt**“, ist die Persönlichkeitstheorie der Prioritäten ein sehr gutes Instrument. Bevor wir in das nicht ganz einfache Thema, die Orientierungen besser durchschauen zu können ein wenig einsteigen, mache ich sie an dem humorvollen Beispiel eines Vereinsfestes fest. Bei einem anstehenden Sommerfest wird jede Priorität oder deren positiven Eigenschaften gebraucht.

So ist z. B. der Mensch, der die Tendenz zur **ÜBERLEGENHEIT (Leistungsorientierung)** gewählt hat derjenige, der die Ideen auf den Tisch bringt, sofort erkennt, wo es hakt und was verändert werden muss. Er setzt sich ein und bringt die Dinge voran, weil er genau weiß, was und wie er es haben will, denn er weiß am besten was, wann und wo benötigt wird. Er überdenkt das Konzept und delegiert, was die anderen zu tun haben.
Vielleicht ist das der wichtigste Job bei einem Vereinsfest – wer weiß das schon?

Der Mensch, der die Priorität „**KONTROLLE**“ (**Sicherheitsorientierung**) für sich gewählt hat, ist zuständig für das Budget. Ihm entgeht kein Eintrittsgeld, er hat alles im Griff und sieht genau, was Sache ist ohne den Überblick zu verlieren. Er sorgt dafür, dass alles zur rechten Zeit am rechten Platz ist. Alles hat seine Ordnung und er trägt die Verantwortung dafür und behält die Übersicht, dass alles läuft. Manchmal (doch das kommt das äußerst selten vor) delegiert er etwas an andere. Wird es nicht gleich umgesetzt, übernimmt er es doch lieber selbst, wodurch er sicher sein kann, dass es erledigt ist. Tja, ohne ihn würde das Fest erst gar nicht stattfinden können ... Vielleicht hat auch er den wichtigsten Job bei dem Vereinsfest – wer weiß?
Denjenigen, der die Priorität „**GEFALLEN WOLLEN**“ (**Harmonieorientierung**) gewählt hat, kann man als

einen „Sonnenschein“ der Gesellschaft bezeichnen. Er ist immer freundlich, zuvorkommend und hilfsbereit. Man muss ihn gar nicht erst um Hilfe bitten denn, er liest jedem jeden Wunsch von den Augen ab. Noch bevor ihn jemand bitten will, bietet er bereitwillig seine Hilfe an. Somit ist bei dem Fest für genug Kuchen, Essen und alles was das Besucherherz begehrt gesorgt und die Schönheit um die Gäste herum lässt auch nicht zu wünschen übrig. Er erledigt alles und wenn er bis in die Nacht schuften muss. Außerdem kümmert er sich am Festtag um das WOHL aller Gäste. Dabei strahlt er alle freundlich an und ist für jeden da. Insgesamt einfach ein lieber, angenehmer Mensch, in dessen Gegenwart man sich einfach wohlfühlen MUSS. Vielleicht ist auch sein Job der Wichtigste beim Vereinsfest – wer weiß, wer weiß?

Der Mensch, der die Tendenz zur **„BEQUEMLICHKEIT“ (Orientierung zur Gelassenheit**) hat, ist ein Mensch, der das Leben zu genießen versteht. Sehr wahrscheinlich ist er Naturliebhaber, wodurch er für Ausgleich und Ruhe sorgen kann. Er lässt alle in Ruhe, lässt sie sein, wie sie nun mal sind und ist mit sich und der Welt zufrieden. Zudem kann er meist sehr gut zuhören und fühlt sich in geselligen Runden wohl. Dafür hat er glücklicherweise auch das passende „Sitzfleisch“. Er sitzt da, strahlt die Gäste an, hört ihnen aufmerksam zu und freut sich des Lebens. Ein angenehmer Geselle, der sich alle Nöte anhört, Zeit für jeden hat und dadurch eine behagliche Atmosphäre um sich herum schafft. Man fühlt sich einfach wohl bei ihm. Außerdem scheint er die Gabe zu haben, Ruhe in jedes Chaos zu bringen. Vielleicht ist ja auch sein Job der Beste auf dem Fest ... - wer weiß ...

Jede Medaille hat zwei Seiten

Nach dem Fest stellt der Mensch mit der Richtung **Überlegenheit** fest, dass alles super gelaufen ist. Er ist mit sich und der Welt zufrieden. Natürlich hat er dafür gesorgt, dass jeder der Gäste weiß, dass er das tolle Fest organisiert hat ... Übrigens hat er schon wieder bessere Ideen für das nächste Jahr gesammelt, schließlich geht es immer noch ein bisschen besser ...

Der Mensch mit der Richtung **Kontrolle** ist mit den Nerven am Ende. Er ist müde und müsste sich erst mal ausruhen. Doch dazu ist noch keine Zeit, es gibt ja noch sooo viel zu tun ... Er muss sich jetzt erst mal um die Nacharbeiten des Festes kümmern. Außerdem ist manches nicht so gut gelaufen wie geplant ... Hoffentlich hat keiner bemerkt, dass ihm da was unterging ...

Der Mensch mit der Richtung **GEFALLEN WOLLEN,** ist mit seinem „schlechten Gewissen" beschäftigt und macht sich Gedanken, weil er sich nicht genug um XY kümmern konnte ... Hoffentlich ist der nicht sauer auf mich, ich hatte doch keine Zeit ..., das wird er bestimmt bemerkt haben - oder etwa doch nicht?". Ich denke, ich melde mich heute noch telefonisch bei ihm, das wird das Beste sein. So mag er mich sicher doch noch ... Aber ob ich dazu noch komme? Ich muss ja „Frau Kontrolle" noch beim Aufräumen unterstützen ... So was aber auch! Keine Zeit in diesem Leben ... Ausruhen wollte ich mich ja auch mal, doch das hat ja Zeit bis morgen ...

Der Mensch mit der Richtung **BEQUEMLICHKEIT** liegt zu Hause im Garten und erholt sich vom gestrigen Stress. Die anderen sind ein wenig säuerlich und irritiert. Sie können nicht verstehen, dass er sich „verdrückt" hat ... Da er Stress vermeiden will, geht er für eine halbe Stunde zum Aufräumen, **das**

reicht dann aber auch. Er entdeckt, dass es noch Kuchen von gestern gibt, da macht er sich erst mal ran, bevor er noch einen der schweren Stühle ins Lager trägt. Dann ist's aber auch genug für heute. Jetzt verabschiedet er sich, geht nach Hause, legt sich wieder unter seinen Nussbaum und genießt das Vogelgezwitscher im Garten ...
Die Prioritäten betreffend ist nicht nur der Zusammenhang zwischen Priorität und Lebensstil zu entdecken, sondern auch der Zusammenhang von Familienkonstellation und Geschwisterreihe. Beim **jüngsten Kind** ist z. B. die Priorität **GEFALLEN WOLLEN** zu beobachten, während das **mittlere Kind** mehr in Richtung **KONTROLLE** geht. Es scheint, als müsse es alles unter Kontrolle haben: Was dürfen die anderen und ich nicht? Wer ist übervorteilt und wer benachteiligt? (Meist natürlich es selbst). So hat es alles im Griff und ihm entgeht nichts. Das **Älteste** dagegen **ist Vorreiter** und lässt sich von den „Kleinen" nichts sagen, denn es ist der Meinung, dass sie sowieso keine Ahnung haben. Einer der Gründe, weshalb es sich meist in die Richtung **Überlegenheit** entwickelt. Das **Einzelkind** ist aus meiner Beobachtung heraus, oft jemand, der das Leben zu genießen versteht, sich gerne bequem zurücklehnt und sehr gut auf sich aufpassen kann. Überforderung droht ihm kaum, da es durch Nettigkeit und Diplomatie andere oft in seinen Dienst stellen kann. Es lässt sich i. d. R. gerne umsorgen, ist meistens lieb und brav. Auch bei Einzelkindern ist die Priorität **GEFALLEN WOLLEN** auffallend.

Da die Ausprägung der jeweiligen Priorität von vielen Faktoren abhängt, spielen äußere Umstände eine große Rolle. Dazu stellen sich bspw. Fragen, wie: Wie war es in der Ursprungs- oder Herkunftsfamilie? Wie musste sich das Kind verhalten, um „gesehen" zu werden oder zu

bekommen, was „es wollte“? Man kann sich auch fragen, ob es sich ernst genommen fühlte.
Die Persönlichkeitsentwicklung hat demzufolge sehr viel mit der Familienatmosphäre und dem Erziehungsmodell der Familie zu tun. Sicher ist: Je mehr Mut der Einzelne entwickeln konnte, umso weniger Minderwertigkeitsgefühle oder gar Minderwertigkeitskomplexe konnten entstehen.

Bei einem **ent**mutigten Menschen, der die Priorität zur Überlegenheit gewählt hat kann es sein, dass er „sein Können“ ständig in den Vordergrund stellen will, wogegen ein **er**mutigter Mensch mit derselben Orientierung auch andere „Götter neben sich“ walten lassen kann, weil er weiß, dass er gut ist. **Er**mutigte Persönlichkeiten zeigen ganz andere Formen ihrer Priorität als **ent**mutigte Persönlichkeiten.

Wie oben beschrieben, ist keine Tendenz zur jeweiligen Priorität besser oder schlechter als die andere. Ebenso wenig sind sie als feststehendes Konzept zu sehen, denn sie dienen lediglich als Hilfestellung, das eigene Verhalten besser verstehen und steuern zu können. Hervorstechende Verhaltensweisen verschieben sich auch situationsbedingt. So ist es möglich, dass jemand der eine hohe Punktzahl im Bereich Kontrolle vorweist, plötzlich in die Rolle der Bequemlichkeit wechselt, weil er nicht mehr in der Lage ist, schwierige Situationen durch Kontrolle beherrschen zu können. Erkannte Prioritäten dürfen deshalb nie etikettiert oder als Stigmatisierung angesehen werden, da dies eher schädlich sein könnte.

Die jeweilig erkannte Priorität ist somit kein unabänderliches Schicksal und dient lediglich als Hilfsmittel zur Persönlichkeitsentwicklung. Denn selbst wenn eine Priorität durch den von Theo Schoenaker entwickelten Fragebogen[14] herausgearbeitet wird, so kann, wie Alfred Adler es formulierte, auch alles immer ganz anders sein. Die Kenntnis über die Priorität bietet lediglich einen Zugang, um sich selbst und andere besser verstehen zu können.

[14] Erhältlich bei jedem individualpsychologischen Berater oder in dem Buch: „Was bestimmt mein Leben" aus den RDI-VERLAG

Folgendes Schema zeigt einen Kurzüberblick:

Priorität (Wunsch)	**Gefühl/ Reaktion der anderen**	**Engpass - der vermieden werden soll**	**Zu zahlender Preis**
Überlegenheit/ Leistungsorientierung	Toleranz bis unzulänglich; unterlegen	Bedeutungslosigkeit, Nichts sein	Überlastung; Überverantwortlichkeit, Gefährdung von Freundschaften
Kontrolle / Sicherheitsorientierung	abgestoßen (Angst) bis herausgefordert	ausgeliefert sein; lächerlich sein; Demütigung; unerwartete Erniedrigung	sozialer Abstand; mangelnde Spontaneität
Gefallen wollen / Orientierung zur Harmonie	Sympathie; akzeptiert bis hin zu Mitleid	Ablehnung; unerwünscht sein	verzögerte Persönlichkeitsentwicklung; verkümmerte Selbstverwirklichung
Bequemlichkeit / Orientierung zur Gelassenheit	Hilfsbereit; irritiert; ungeduldig	Schmerz; Gefahr; Stress; Belastung; Verantwortung	verminderte Produktivität; geringe Leistung

Orientierung zur Leistung

Ein Mensch mit der **Orientierung zur Leistung** (**Überlegenheit**) bemüht sich stets, der Erste und Beste zu sein.

Er:

- hat viele gute Ideen, die er umsetzen will
- weiß, was er will
- will zeigen, was er kann und will gewinnen
- strebt danach, der Stärkste, Klügste und Beste zu sein
- ist eher risikofreudig

Was er in jedem Fall vermeiden will:

- verlieren
- ein „Niemand" sein
- Belastung/Überlastung
- bedeutungslos sein

Durch sein Verhalten kann sich eine Überverantwortlichkeit entwickeln, die zu Überlastung führen kann. Da dieser Mensch in seinem sozialen Umfeld als stark und belastbar gilt, wird immer Leistung von ihm erwartet. Da er mit der Zeit unbewusst stets die an ihn gerichteten Erwartungen erfüllen will, droht ihm die Gefahr der Dauerbelastung, was sich unbemerkt über Jahre hinweg ziehen kann, weil er keine Schwäche zeigen will.

Menschen seines Umfeldes können sich ihm gegenüber schnell unterlegen, klein oder schwach fühlen, wodurch er so manchen unbewusst zum Machtkampf herausfordert und es zu kräftezehrenden Schwierigkeiten kommen kann.

Orientierung zur Sicherheit

Ein Mensch mit der **Orientierung zur Sicherheit (Kontrolle**) bemüht sich stets, den Überblick zu behalten.

Er:

- stellt hohe Ansprüche an sich selbst und an andere
- will perfekte Ergebnisse abliefern
- braucht überschaubare Verhältnisse
- ist zuverlässig, produktiv und sehr genau

Was er in jedem Fall vermeiden will:

- Unerwartetes und Überraschungen
- Erniedrigung, ausgelacht werden
- Demütigung
- Enge oder zu viel Nähe

Durch sein Verhalten verliert er seine Spontaneität und spürt eine gewisse soziale Distanz anderen gegenüber. Er fühlt sich nur wohl, wenn er das Tempo in Beziehungen selbst bestimmen kann. Im sozialen Umfeld wirkt er als zuverlässig, produktiv, loyal, ausdauernd und verantwortungsbewusst. Er ist verlässlich, weist eindeutige Führungsqualitäten vor und ist der Fels in der Brandung für seine Mitmenschen. Diese fühlen sich ihm gegenüber jedoch oft unfähig, inkompetent und so mancher bekommt Angst vor einem scheinbar „perfekten“ Menschen.

Auch Menschen mit der Tendenz nach Sicherheit / Kontrolle erfüllen unbewusst die Erwartungen ihres Umfeldes und leiden darunter, weil sie wenig Nähe und Zuneigung spüren, was sie selbst durch den Abstand herbeiführten. Diese Menschen fühlen sich wahrscheinlich oft überfordert und benachteiligt. Auch ihr Verhalten kann unbewusst Machtkämpfe mit anderen Menschen hervorrufen.

Orientierung zur Harmonie

Ein Mensch mit der **Orientierung zur Harmonie (Gefallen wollen**) bemüht sich stets, die Wünsche seines Umfeldes zu erfüllen.

Er:

- will akzeptiert werden
- stellt seine eigenen Interessen zurück
- ist freundlich, flexibel und kontaktfreudig
- ist feinfühlig und „erspürt" geradezu, was andere brauchen

Was er in jedem Fall vermeiden will:

- abgelehnt sein/werden
- sich unerwünscht fühlen
- ausgenutzt werden
- nicht ernst genommen zu werden

Durch sein oft übertriebenes Verhalten als „Gutmensch" wirkt er so manches Mal, wie ein „Fähnchen im Wind", weil er es jedem Menschen recht machen will. Er kämpft mit großen Schwierigkeiten, klar Position für eine Seite zu beziehen. Er will Anerkennung erfahren und ist dafür bereit sehr viel zu tun. Eigene Wünsche steckt er zurück, Hauptsache den anderen geht es durch ihn gut. Mitmenschen aus seinem Umfeld wissen, dass er alle Hebel in Bewegung setzt, um sie glücklich zu machen. Manchmal löst er das Gefühl aus, andere durch sein „Gutes tun" und „gut sein" (was scheinbar mit Liebe geben verwechselt wird) zu erdrücken. Leider bemerkt er selbst sehr lange nicht, dass er sowohl seine eigene als auch die Entwicklung anderer blockiert. Es mit allen gut meinen, heißt noch lange nicht, dass es gut gemacht ist ...

Orientierung zur Gelassenheit

Ein Mensch mit der **Orientierung zur Gelassenheit (Bequemlichkeit**) bemüht sich stets, um ein sorgloses Leben.

Er:

- stellt keine hohen Ansprüche
- strahlt Ruhe, Wärme und Frieden aus
- lässt andere sein, wie sie sind, ist sehr tolerant
- beschäftigt sich lieber mit eigenen Angelegenheiten

Was er in jedem Fall vermeiden will:

- Verantwortung übernehmen
- Stress, Hektik und Druck

Menschen mit dieser Orientierung wirken meist ein wenig chaotisch, weil sie in der Lage sind alles stehen und liegen zu lassen. Sie genießen das Leben und tun am liebsten, was ihnen gefällt. Hauptsache für sie ist, dass man sie in ihrem eigenen Tempo nicht stört oder bedrängt. Genau betrachtet könnten die andere von ihm lernen, dennoch passiert oft das Gegenteil. Sein Umfeld geht häufig davon aus, dass der Gelassene faul, oberflächlich und bequem ist und sich dazu vor Verantwortung drücken will.
Wenn es schlecht läuft, erntet er sehr viel Kritik und zieht sich dann in sein Schneckenhaus zurück. Sein Verhalten kann anderen Menschen den Eindruck vermitteln, als seien sie seine Dienerschaft und er der König im Lande, da er sich gerne verwöhnen lässt und anstehende Arbeiten diplomatisch delegieren kann. Andere reagieren oft irritiert und ungeduldig auf ihn.

Besser oder Schlechter?

Wie jede Medaille hat auch jede Priorität ihre zwei Seiten und dabei gibt es keine, die besser oder schlechter als die andere ist. Im Grunde sind wir letztlich alle Mischtypen, denn jeder Mensch hat mehr oder weniger von allem etwas. Das MEHR wird deshalb Priorität genannt, weil es in gewissen Lebenssituationen am meisten hervorsticht. Dennoch ist nichts in Stein gemeißelt, da sich Prioritäten je nach persönlicher Weiterentwicklung kompensieren lassen. So ist z. B. ein Mensch mit der Neigung alles kontrollieren zu müssen, dazu in der Lage loszulassen, nachdem er genug Selbstvertrauen aufgebaut hat.

Andere, die stets das Gefühl haben sich beweisen zu müssen, können sich nach erfolgreicher Persönlichkeitsentwicklung auch mal zurücklehnen und weniger leisten.

Wieder andere, die durch Arbeit an sich selbst erkennen, dass sie durch ihr Verhalten um Anerkennung „gebuhlt" haben, lernen ohne ein schlechtes Gewissen zu haben, auch einmal für sich selbst Gutes zu tun.

Im Grunde scheinen alle unabhängig von der jeweiligen Priorität das gleiche Ziel zu verfolgen, denn jeder Mensch will: Ernst genommen werden, Anerkennung bekommen und in seiner eigenen Art einfach akzeptiert, toleriert und angenommen werden.

Je nach Er- oder Entmutigungsgrad verhalten sich Menschen in eine negative oder positive soziale Richtung. Demgegenüber steht an erster Stelle der Selbstwert. Ist dieser erkannt und aufgebaut, entwickelt sich jede Priorität in eine positive soziale Richtung.

Mehr Selbstwertgefühl, Selbstsicherheit und Selbstbewusstsein kann innerhalb zehn Wochen durch ein Encouraging-Training erfolgreich aufgebaut werden (s. a. Seite 163).

Der Fragebogen zur Feststellung der Priorität

Es ist einfach den Fragebogen zur Feststellung der eigenen Priorität auszufüllen und relativ unkompliziert, die Zahlenkombination zu errechnen. Die Auswertung hingegen ist nicht ganz so einfach. Hilfestellungen und Beispiele findet man in dem Buch[15] „Was bestimmt mein Leben?“ - Wie man die Grundrichtung des eigenen Ich erkennt. Es wurde spezifisch zum Thema Prioritäten/ Grundrichtungen geschrieben und beschreibt alle Prioritäten sehr ausführlich. Außerdem beinhaltet es den Fragebogen mit Anleitung zur Auswertung. Der Fragebogen ist auch als PDF. DATEI[16] zu downloaden.

Den Fragebogen für andere Personen auszufüllen und zu bewerten ist nicht zu empfehlen, denn es könnte passieren, dass ein Laie schnell kategorisiert und Menschen damit in eine Schublade steckt, was eher schaden als nutzen würde. Je nach Lebenssituation könnten die Ergebnisse belastend wirken. Der Fragebogen dient lediglich der persönlichen Selbsteinschätzung.

Das Modell der „vier Prioritäten“ kann eine große Hilfe in der Verkürzung des therapeutischen Weges sein, der allerdings ohne professionelle Unterstützung keine leichte Aufgabe ist.

---

[15] Was bestimmt mein Leben von Schoenaker und Schottky - d. RDI-VERLAG

[16] Fragebogen als PDF. Datei-Download über: http://psychologie-blog.net

Gefühle

Menschen reden sehr viel über Gefühle, wobei oft der Eindruck entsteht, dass die meisten von uns gar nicht genau wissen, was Gefühle wirklich sind und immer noch große Unsicherheit darüber herrscht.

Beispielhafte Aussagen sind: Ich habe das Gefühl, ...

- dass jetzt ungefähr 16 h ist
- dass mir heute nichts gelingt
- dass er/sie mich nicht mag

Genau betrachtet sind das keine Gefühle, sondern Ahnungen und Meinungen.

Wirkliche Gefühle sind z. B.:

- Liebe
- Angst
- Wut
- Trauer
- Schmerz

Alfred Adler, der Begründer der Individualpsychologie hat festgestellt, dass es nur **zwei Grundgefühle** gibt. Das eine ist die **Liebe**, das andere ist die **Angst**. Aus diesen lassen sich alle anderen Gefühle ableiten.

Liebe / Positiv → Liebe: Glück, Freude, Zuversicht etc.
Angst / Negativ → Aggression, Wut, Trauer etc.

Er sagt auch, dass Gefühle dazu dienen Menschen entweder zusammen oder auseinanderzubringen. Deutlicher wird es, wenn wir die Anschauungsweise Adlers betrachten die besagt, dass Gefühle der **Liebe „sozial verbindende**“ und Gefühle der **Angst „sozial trennende**“ Gefühle sind.

Stellen wir uns einen Familienvater vor, der am Abend mit verärgertem Blick von der Arbeit nach Hause kommt. Er wirft seine Aktentasche in die Ecke und begrüßt die Familie nicht besonders freundlich. Was seine Familie daraufhin denkt und was dieser Ablauf bewirkt, können wir uns lebhaft vorstellen. Er zieht sich zurück und alle anderen lassen ihn in Ruhe. Was er dadurch erreicht hat, war eine „soziale Trennung“.
Läuft es umgekehrt: Kommt Vater freudestrahlend nach Hause und begrüßt seine Familie liebevoll, löst er dadurch sozial verbindende Gefühle aus und alle wollen mit ihm zusammen Zeit verbringen. Die sozial verbindenden Gefühle sind aktiviert.

Kann man Gefühle beherrschen oder ist es umgekehrt? Gibt es Menschen, die zu viel oder zu wenig Gefühle oder vielleicht sogar zu starke Gefühle haben? Können Gefühle Macht über uns haben, oder haben wir selbst die Macht über unsere Gefühle?

Im Gegensatz zu Siegmund Freud, der die weitverbreitete Meinung bildete, dass sich die Psyche des Menschen in das „ICH“, das „ES“ und das „ÜBERICH“ einteilt, setzte Alfred Adler entgegen, dass dies nicht möglich sei. Die Individualpsychologie, steht für die Unteilbarkeit des Menschen und sieht ihn als eine Einheit, ein unteilbares Ganzes, während die Anschauung Freuds, die o. g. Dreiteilung ist. Seine Anschauung ermöglicht dem Menschen, sich nicht selbst verantwortlich fühlen zu müssen, da sich in ihm ja drei Instanzen/Persönlichkeiten vereinen. Wer ist verantwortlich, wenn etwas passiert, was besser nicht passiert wäre? War es das „ICH“, das „ES“ oder das „ÜBERICH“? Nach Alfred Adler gibt es lediglich das unteilbare „ICH“. Menschen die diese Tatsache logisch nachvollziehen und anerkennen wissen, dass sie selbst die Verantwortung für Geschehnisse tragen und es keine andere Möglichkeit gibt. Das beinhaltet gleichzeitig, dass Menschen dadurch die Möglichkeit geboten ist, aus der Opferrolle auszusteigen, sofern sie in einer solchen verhaftet sind.

Ein weiteres psychologisches Prinzip ist, dass der Mensch „ein Entscheidungen treffendes Wesen" ist. Wir können selbst Entscheidungen treffen und wir können uns stets selbst entscheiden, was wir denken oder, wie wir über andere Menschen denken. Individualpsychologen sind von dem Konzept: **Denken, Fühlen, Handeln** überzeugt.

Zur Verdeutlichung sollen diese Beispiele beitragen:

Kurz bevor das Kind von der Schule nachhause kommt, stellt die Mutter verärgert fest, dass sein Zimmer wieder sehr unordentlich ist. Im Bad liegen dazu Zahnbürste und Zahnpasta wieder nicht auf dem dafür vorgesehenen Platz, obwohl sie es schon hundertmal erklärt hat. Sie beschäftigt sich gedanklich (**DENKEN**) mit diesen und anderen Ärgernissen und spürt (**FÜHLEN**), dass sie sauer ist auf ihr Kind. Das Kind kommt gut gelaunt zur Tür herein und sie meckert (**HANDELN**) es unfreundlich an.

Oder so:

Kurz bevor das Kind von der Schule nachhause kommt, stellt die Mutter verärgert fest, dass im Bad Zahnbürste und Zahnpasta wieder nicht auf dem dafür vorgesehenen Platz liegt, was sie schon hundertmal erklärt hat. Sie denkt: „Wieder hat es nicht funktioniert. Wie oft noch?" Und dann schwenkt sie um und denkt: „Wenn das alles nicht so wäre, dann hätte ich auch dieses wunderbare

Kind nicht. Es ist wie es ist und ich will es künftig nicht mehr so wichtig machen." Weiterhin denkt sie über die guten Eigenschaften ihres Kindes nach und wie lieb und süß es doch ist... (**DENKEN**). Diese Gedanken lösen daraufhin ein angenehm warmes Gefühl in ihr aus (**FÜHLEN**), sie spürt Liebe für ihr Kind. Das Kind kommt gut gelaunt zur Tür herein, sie begrüßt es liebevoll, nimmt es in den Arm (**HANDELN**) und sagt: „Ich bin so froh, dass ich dich habe."

Anhand dieser Beispiele ist nachvollziehbar, dass wir entscheidungentreffende Wesen sind. Das bedeutet, dass wir uns selbst für unsere Gedanken entscheiden. Im Beispiel wurde verdeutlicht, dass zuerst ein Gedanke da sein muss, bevor ein Gefühl (Zu- oder Abneigung) entstehen kann, was uns dann wiederum zur Handlung führt. Demnach führen uns unsere Gedanken und Meinungen zu unseren Gefühlen. Wir Menschen **machen** uns Gedanken. Wir **machen** sie uns auch, wenn wir allein sind und führen Selbstgespräche.

Wissenschaftler haben erforscht, dass ein Mensch innerhalb vierundzwanzig Stunden bis zu viertausend Selbstgespräche führt. Leise und unbewusst führen wir Gespräche und innere Dialoge, ohne uns dessen bewusst zu sein.

Lebensstilbedingt haben wir als Kind Meinungen gebildet, von denen wir überzeugt sind, bis wir uns eines Tages auf die Suche machen, um uns eines Besseren zu belehren. Den bereits in der Kindheit gebildeten Meinungen entsprechend, laufen die inneren Dialoge in unseren heutigen Selbstgesprächen ab. Die Wissenschaftler haben auch festgestellt, dass diese inneren Gespräche bis zu von 77% negativ ablaufen. Erinnern wir: **DENKEN**, **FÜHLEN**, **HANDELN**. So ist es nicht verwunderlich, dass die heutigen inneren Dialoge in unschätzbar hohem Maße destruktiv in uns wirken, bis hin zur Selbstsabotage.

Hat ein Kind immer wieder gehört, du bist:

- dumm
- schwach
- zu nichts nutze
- dich mag sowieso niemand
- aus dir wird sowieso nichts

usw.

Hat es das abgespeichert und diese Meinung über sich gebildet, ist es irgendwann davon überzeugt, dass dies der Wahrheit entspricht. Dementsprechend wird das „innere Kind“ im Erwachsenenleben mit sich selbst sprechen. Auch das meinte Alfred Adler mit dem Satz: „Wir sind alle Kinder, in einer alternden Haut.“

Menschen die in einem entmutigenden Umfeld aufwuchsen, haben es nicht immer leicht im Leben, bis sie erkennen, dass es in ihrer Hand liegt, Veränderungen herbeizuführen. Davor schimpfen sie sich selbst aus, wie ihre Erzieher mit ihnen geschimpft haben. Die innere Stimme ist heute die eigene, die Satzbildung jedoch die, die vom damaligen Umfeld benutzt wurde. Kinder bewerten, wie sie es durch ihre Erzieher gelernt haben. Durch ihre Eigenbewertung legen sie später ihren Selbstwert fest.

Das Selbstwertgefühl

Dieses Wort sagt aus, dass wir uns fühlen, wie wir uns selbst bewerten. Leitlinie dazu ist das in der Kindheit erlernte Selbstbild.

Wuchs das Kind in einer ermutigenden Atmosphäre auf, in der es gestärkt und ihm etwas zugetraut wurde, verfestigte sich die Gewissheit, dass es so wie es ist, gut genug ist. Der Weg für das weitere Leben wurde bestens geebnet und es wird auch als Erwachsener wahrscheinlich gut zurechtkommen.

Durch Aussagen:

- du kannst das
- das schaffst du schon allein, probiere es einmal aus
- das hast du schon sehr gut gemacht
- du bist schlau

Wurde dem Kind die Möglichkeit geboten, auf selbst erarbeiteten Erfolgen aufzubauen, führte das zu der Überzeugung: „Ich kann und schaffe das!" Es war in der Lage, Selbstsicherheit (sich seiner selbst sicher sein) und Selbstbewusstsein aufzubauen, sowie seinen Selbstwert zu stärken.

Selbstwertgefühl ist die Überzeugung, so wie man ist, gut genug zu sein, mit all seinen Stärken UND Schwächen. Ein Mensch, der sich wert fühlt oder sich seines Wertes bewusst ist, ist ein Mensch der sich und andere annimmt, wie er ist oder wie sie sind. Es wird ein angenehmer Zeitgenosse sein, der nicht in Machtkämpfe einsteigt und der in Lage ist, das Gute an sich und seinen Mitmenschen zu erkennen. Er wird nicht das Bedürfnis entwickeln, in Abwesenheit anderer negativ über sie zu sprechen. Menschen die so leben, können sich stolz

SELBSTBEWUSST nennen. Leider trifft man oft auf Menschen, die meinen, dass sie selbstbewusst wären, da sie in der sogenannten „oberen Liga“ mitspielen oder, weil sie laut werden, wenn sie ihre Meinung vertreten usw. Das ist fehlinterpretiertes Selbstwertgefühl. Wirklich selbstbewusste Menschen sind mit sich zufrieden, nehmen sich an, wie sie sind und machen das Beste aus dem, was sie haben.

Echtes Selbstbewusstsein spielt sich einzig und allein im Inneren ab. Gelangt ein Mensch zu der Überzeugung, dass er mit seinen Stärken UND Schwächen okay ist, hat er es geschafft, mit sich und der Umwelt in Frieden leben zu können.

Da lt. Adler auch immer alles ganz anders sein kann, ist es nicht nur von Vorteil, ein Kind in allem was es tut zu bestärken. Kinder/Menschen brauchen Grenzen und diese sollten in der Erziehung nicht untergehen oder unterschätzt werden. Wird bei einem heranwachsenden Kind alles gut geheißen, ist Vorsicht geboten, denn durch zu viel oder falsch verstandenem Lob, kann sich ein Mensch von anderen abhängig machen. Andere, die sehr wenig oder nur auf Leistung bezogenes Lob erhielten, könnten Druck verspüren und die Meinung bilden, dem Lobenden gegenüber Erwartungen erfüllen zu müssen. Um sicher zu gehen ist es wichtig, richtig ermutigen zu lernen, weil Ermutigung weder Methode noch Technik ist, sondern zur inneren Haltung führt. Erfährt ein Mensch Ermutigung aus innerer Haltung heraus, so spürt er das. Wird aus manipulativen Gründen ermutigt, wird der Empfänger auch das spüren. Somit ist Ermutigung, die ehrlichste Anerkennung, die man erhalten oder schenken kann.
Auch wenn es sich unglaublich anhört, ist es dennoch wahr: Jeder Mensch kann

SELBSTSICHERHEIT und **SELBSTBEWUSSTSEIN**

lernen. Ganz allein wird es nicht leicht sein, vielleicht auch unmöglich, weil wir uns selbst gegenüber nicht immer objektiv genug sein können. Doch wer es sich ermöglichen will, wird einen Weg finden. Ich stelle diese Behauptung so sicher in den Raum, weil ich selbst erlebt habe. Als Kind wuchs ich in einer entmutigenden Atmosphäre auf und als Erwachsene habe ich zunächst durch das Encouraging-Training, die Kunst der Fremd- und Selbstermutigung erlernt. Aus der Überzeugung heraus, dass es möglich ist als Erwachsener sein Leben selbst in die Hand zu nehmen und das Blatt zu wenden, schreibe ich heute Bücher. Damit möchte ich anderen Menschen ermöglichen, ein gesundes Selbstwertgefühl und mehr Selbstsicherheit zu entwickeln. Wir können ALLE Ziele erreichen, die wir uns bewusst vorstellen können (DENKEN, FÜHLEN, HANDELN). Bei der Arbeit an sich selbst lohnt es sich, dran zu bleiben, weil sich mit der Zeit die langersehnte Zugehörigkeit einstellt, man unabhängiger wird, innere Freiheit erlebt und sich das eigene Leben zur täglichen Freude entwickeln kann.

Selbstwert ist der Wert, den sich ein Mensch selbst gibt. Durch die Überzeugung eigener Denkmuster bewertet er sich selbst. Aus Selbstwert resultiert Selbstachtung. Deshalb ist Selbsterziehung der Weg zu dauerhaft psychischer und seelischer Gesundheit. Die nächsten Kapitel und Seiten führen dich zu den ersten Schritten neuer Möglichkeiten.

Minderwertigkeitsgefühle und Minderwertigkeitskomplexe

Alfred Adler hat den Begriff **Minderwertigkeitsgefühl** für die Psychologie entdeckt und als zentralen Begriff der Individualpsychologie eingeführt. Minderwertigkeitsgefühle und oder Minderwertigkeitskomplexe ist ein seelisches Empfinden, das ein Gefühl der eigenen Unvollkommenheit ausdrückt. Minderwertigkeitskomplex steht für abnorm gesteigerte Minderwertigkeitsgefühle.

Während ein Mensch mit Minderwertigkeitsgefühlen sich relativ gut unter anderen Menschen bewegen kann, traut sich das ein Mensch mit ausgereiften Minderwertigkeitskomplexen kaum noch zu.

Das Thema ist sehr ernst zu nehmen, da es sich immer mehr ausbreitet und großen Schaden anrichten kann. Die Medienwelt gaukelt uns vor, dass mit uns nur dann alles stimmt, wenn wir schlank, schön, intelligent, reich und fehlerfrei - also perfekt sind.

Obwohl uns der gesunde Menschenverstand zwar sagt, dass diese Ziele (?) unerreichbar sind, entwickeln wir dennoch Ängste nicht dazuzugehören, wenn wir o. g. Kriterien nicht erfüllen. Dadurch fühlen wir uns **minder** (weniger) wert als jene, die sich mehr leisten können, vielleicht schöner aussehen, schlanker, reicher oder was auch immer sind. Vergleichsdenken beschränkt nicht nur die Sicht auf vorhandene Möglichkeiten, sondern blockiert die natürliche Kreativität in uns und dient zusätzlich als Eigenverstärker, der uns mit aller Macht (durch Eigenkreation) runterzieht. Sich mit anderen Menschen zu vergleichen scheint auszublenden, dass es weder den fehlerfreien, noch den perfekten Menschen gibt.

Wenn du dir fünfzehn Minuten lang einredest, dass du dich schlecht fühlst, dann wirst du dich ganz sicher schlecht fühlen. Wenn du dich auf andere Menschen konzentrierst, wirst du immer irgendetwas finden, was du besser, schöner oder was auch immer findest. Doch bei dir selbst siehst du nur noch, was du nicht besonders schön oder gut an dir findest. Durch die Konzentration auf andere, entfernst du dich noch weiter von dir selbst ... Vergleichsdenken führt dich immer tiefer in das Empfinden, weniger wert zu sein als deine Mitmenschen, und schmälert gleichzeitig noch mehr deinen Selbstwert.

Viele wuchsen in einer Zeit auf, in der dem Thema GEFÜHLE keine besondere Beachtung geschenkt wurde und aus Scham hat man sie belächelt und heruntergespielt. **Wie** wie wir heute wissen, waren und sind fatale Folgen das Ergebnis. Auch in der heutigen Zeit, werden weder eigene, noch die Gefühle anderer ernst genommen. Eine reelle Chance, Minderwertigkeits- und andere negative Gefühle ausschalten zu können, liegt darin, sich mit dem Thema Gefühl/e auseinanderzusetzen. Wir würden dann lernen uns selbst ernst zu nehmen, uns anzunehmen und anzuerkennen, wie wir sind ... Stattdessen lassen wir uns ständig berieseln und glauben, was andere uns glauben **machen** wollen.

Die Suggestionen der Medienwelt und die Macht der dazu verbreiteten Bilder wollen uns glauben machen: Wenn du schön, schlank, reich usw. bist, dann bist du es wert und gehörst dazu. Das weckt unbewusste Ängste, das Zugehörigkeitsgefühl zu verlieren und schon sind wir bereit, unser Geld in Kosmetikprodukte, Mode, Schönheitsoperationen, Botox usw. zu investieren. Menschen kaufen ein Haus, ob sie es sich leisten können oder nicht; kaufen die neueste Technik; Autos die neu auf den Markt kommen und gehen auf Partys ... Sie schaden ihrem Körper durch zu viel Alkohol und zu wenig Schlaf und essen im Übermaß ... Und all das nur, um dazu gehören zu können.

Es heißt, der Mensch sei das intelligenteste Wesen auf Erden. Würden wir lernen unsere Intelligenz, Energie und Kreativität dafür einzusetzen, dass es uns nützt, bräuchte sich niemand mehr Gedanken um seinen Platz, seine Zugehörigkeit oder angemessene Anerkennung machen. Glauben wir jedoch weiterhin, was die Norm (Masse) glaubt, wird es schwierig bleiben.

Minderwertigkeitsgefühle entwickeln sich meist bereits in frühester Kindheit. Ist das Baby willkommen, reicht es schon seinen sicheren Platz zu erhalten, um sich zugehörig fühlen zu können.

Macht ein Kind die Erfahrung, nur dann gut genug zu sein und dazuzugehören, wenn es besondere Leistungen erbringt, versucht es durch Leistung seinen Platz zu sichern. Es lernt, sich unsicher zu fühlen, wenn es nicht ständig Anstrengungen unternimmt, um dauerhaft gute Leistung zu erbringen. Jeder Mensch sucht Sicherheit und einen festen Platz, an dem er Bedeutung für andere Menschen hat. Da es niemand gelingen wird nur gute Leistungen zu erbringen, fallen sie natürlicherweise hin und wieder ab. Werden Erwartungen nicht erfüllt, hagelt es Kritik, Gemecker und Genörgel, was glauben uns lässt, nicht gut genug zu sein.

Ein immerwährender Kreislauf, der scheinbar nicht enden will. Doch sobald er durchschaut wird, ist er zu durchbrechen und das angenehme Leben kann beginnen. Arbeiten wir nicht an uns und „lassen es laufen“, verharren wir bis ins hohe Alter in alten Mustern und Prägungen und nichts kann sich zum Positiven verändern. Indem wir versuchen andere herabzusetzen, kompensieren wir eigene Minderwertigkeits- und Unterlegenheitsgefühle. Die Neigung abzuwerten, einen Mitmenschen dadurch „kleiner“ zu machen, um ihm ein wenig von seinem Glanz zu nehmen, nutzen wir dazu, um uns (vermeintlich) zu erhöhen. Leider hält dies scheinbare Erhöhung nur kurzfristig an.

Entmutigung öffnet die Tür zu Minderwertigkeitsgefühlen. Der Schlüssel für das Zugehörigkeitsgefühl, gesundem Selbstwert, mehr Sicherheits- und Gemeinschaftsgefühl, wie auch Selbstvertrauen und Selbstbewusstsein, liegt in der **Er**mutigung.

An dieser Stelle - Wie es weiterging

Nachdem wir nun schon eine Ahnung haben, wie unsere Prägung oder Charakterbildung zustande kam und wissen, warum wir heute so sind, wie wir sind, will ich an dieser Stelle die Fortsetzung der Eingangsgeschichte „Ein Märchen“ nicht länger vorenthalten. Denn genau wie es dem Baum in der Fortsetzung erging, kann es uns ergehen. Auch wenn wir im Moment niemand haben, der und den Part des kleinen Mädchens übernimmt, so gibt es dennoch Möglichkeiten, wie wir es selbst schaffen, uns das „Wachsen, wie wir es wünschen, wollen und brauchen“ zu erlernen. Doch nun die Fortsetzung von „Ein Märchen“:

Wie es weiterging[17]

In dieser Nacht war das kleine Mädchen sehr unruhig. Immer wieder dachte es an den traurigen Baum und schlief schließlich erst ein, als bereits der Morgen zu dämmern begann.

Natürlich verschlief das Mädchen an diesem Morgen. Als es endlich aufgestanden war, wirkte sein Gesicht blass und stumpf.

„Hast du etwas Schlimmes geträumt" fragte der Vater. Das Mädchen schwieg, schüttelte dann den Kopf. Auch die Mutter war besorgt: „Was ist mit dir?“ Und da brach schließlich doch all der Kummer aus dem Mädchen. Von Tränen überströmt stammelte es: „Der Baum! Er ist so schrecklich traurig. Darüber bin ich so traurig. Ich kann das alles einfach nicht verstehen."

[17] Von Heinz Körner und Bruno Streibel (Lucy Körner Verlag)

Der Vater nahm die Kleine behutsam in seine Arme, ließ sie in Ruhe ausweinen und streichelte sie nur liebevoll. Dabei wurde ihr Schluchzen nach und nach leiser und die Traurigkeit verlor sich allmählich. Plötzlich leuchteten die Augen des Mädchens auf und ohne dass die Eltern etwas begriffen, war es aus dem Haus gerannt.

Wenn ich traurig bin und es vergeht, sobald mich jemand streichelt und in die Arme nimmt, geht es dem Baum vielleicht ähnlich - so dachte das Mädchen. Und als es ein wenig atemlos vor dem Baum stand, wusste es auf einmal, was zu tun war. Scheu blickte die Kleine um sich. Als sie niemanden in der Nähe entdeckte, strich sie zärtlich mit den Händen über die Rinde des Baumes. Leise flüsterte sie dabei: „Ich mag dich, Baum. Ich halte zu dir. Gib nicht auf, mein Baum!"

Nach einer Weile rannte sie wieder los, weil sie ja zur Schule musste. Es machte ihr nichts aus, dass sie zu spät kam, denn sie hatte ein Geheimnis und eine Hoffnung.

Der Baum hatte zuerst gar nicht bemerkt, dass ihn jemand berührte. Er konnte nicht glauben, dass das Streicheln und die Worte ihm galten und auf einmal war er ganz verblüfft und es wurde sehr still in ihm.

Als das Mädchen wieder fort war, wusste er zuerst nicht, ob er lachen oder weinen sollte. Dann schüttelte er seine Krone leicht im Wind, vielleicht ein bisschen zu heftig und sagte zu sich, dass er wohl geträumt haben müsse. Oder vielleicht doch nicht? In einem kleinen Winkel seines Baumherzens hoffte er, dass es kein Traum gewesen war.

Auf dem Heimweg von der Schule war das Mädchen nicht allein. Trotzdem ging es dicht an dem Baum vorbei, streichelte ihn im Vorübergehen und sagte leise: „Ich mag dich und ich komm bald wieder." Da begann der Baum zu glauben, dass er nicht träumte und ein ganz neues, etwas seltsames Gefühl regte sich in einem kleinen Ast.

Die Mutter wunderte sich, dass ihre Tochter auf einmal so gerne einkaufen ging. Auf alle Fragen der Eltern lächelte die Kleine nur und behielt ihr Geheimnis für sich. Immer wieder sprach das Mädchen nun mit dem Baum, umarmte ihn manchmal und streichelte ihn oft. Er verhielt sich still, rührte sich nicht. Aber in seinem Innern begann sich etwas immer stärker zu regen. Wer ihn genau betrachtete, konnte sehen, dass seine Rinde ganz langsam eine freundlichere Farbe bekam. Das Mädchen jedenfalls bemerkte es und freute sich sehr.

Der Gärtner und seine Frau, die den Baum ja vor vielen Jahren gepflanzt hatten, lebten regelmäßig und ordentlich, aber auch freudlos und stumpf vor sich hin. Sie wurden älter, zogen sich zurück und waren oft einsam. Den Baum hatten sie so nach und nach vergessen, ebenso wie sie vergessen hatten, was Lachen, Freude und Leben ist.

Eines Tages bemerkten sie, dass manchmal ein kleines Mädchen mit dem Baum zu reden schien. Zuerst hielten sie es einfach für eine Kinderei, aber mit der Zeit wurden sie doch etwas neugierig. Schließlich nahmen sie sich vor, bei Gelegenheit einfach zu fragen, was das denn soll. Und so geschah es dann auch.

Das Mädchen erschrak, wusste nicht so recht, wie es sich verhalten sollte. Einfach davonlaufen wollte es nicht, aber erzählen, was wirklich war, das traute es sich nicht.

Endlich gab die Kleine sich einen Ruck und dachte: „Warum eigentlich nicht?“ und sie erzählte die Wahrheit. Der Gärtner und seine Frau mussten ein wenig lachen, waren aber auf eine seltsame Weise unsicher, ohne zu wissen, warum. Ganz schnell gingen sie wieder ins Haus und versicherten sich gegenseitig, dass das kleine Mädchen wohl ein wenig verrückt sein müsse.

Aber die Geschichte ließ sie nicht mehr los. Ein paar Tage später waren sie wie zufällig in der Nähe des Baumes, als das Mädchen wiederkam. Dieses Mal fragte es die Gärtnersleute, warum sie denn den Baum so zurechtgestutzt haben. Zuerst waren sie empört, konnten aber nicht leugnen, dass der Baum in den letzten Wochen ein freundlicheres Aussehen bekommen hatte. Sie wurden sehr nachdenklich.

Die Frau des Gärtners fragte schließlich: „Meinst du, dass es falsch war, was wir getan haben?"

„Ich weiß nur", antwortete das Mädchen, „dass der Baum traurig ist. Und ich finde, dass das nicht sein muss. Oder wollt ihr einen traurigen Baum?"

„Nein!" rief der Gärtner. „Natürlich nicht. Doch was bisher gut und recht war, ist ja wohl auch heute noch richtig, auch für diesen Baum." Und die Gärtnersfrau fügte hinzu: „Wir haben es doch nur gut gemeint."

„Ja, das glaube ich", sagte das Mädchen. „Ihr habt es sicher gut gemeint und dabei den Baum sehr traurig gemacht. Schaut ihn doch einmal genau an!" Und dann ließ sie die beiden alten Leute allein und ging ruhig davon, mit dem sicheren Gefühl, dass nicht nur der Baum Liebe brauchen würde.

Der Gärtner und seine Frau dachten noch sehr lange über dieses seltsame Mädchen und das Gespräch nach. Immer wieder blickten sie verstohlen zu dem Baum, standen oft vor ihm, um ihn genau zu betrachten. Und eines Tages sahen auch sie, dass der Baum zu oft beschnitten worden war. Sie hatten zwar nicht den Mut, ihn auch zu streicheln und mit ihm zu reden. Aber sie beschlossen, ihn wachsen zu lassen, wie er es wollte.

Das Mädchen und die beiden alten Leute sprachen oft miteinander - über dies oder das und manchmal über den Baum. Gemeinsam erlebten sie, wie er ganz behutsam, zuerst ängstlich und zaghaft, dann ein wenig übermütig und schließlich kraftvoll zu wachsen begann. Voller Lebensfreude wuchs er schief nach unten, als wolle er zuerst einmal seine Glieder räkeln und strecken. Dann wuchs er in die Breite, als wolle er die ganze Welt in seine Arme schließen und in die Höhe, um allen zu zeigen, wie glücklich er sich fühlt. Auch wenn der Gärtner und seine Frau es sich selbst nicht trauten, so sahen sie doch mit stiller Freude, dass das Mädchen den Baum für alles lobte, was sich an ihm entfalten und wachsen wollte.

Voll Freude beobachtete das Mädchen, das es dem Gärtner und seiner Frau beinahe so ähnlich erging wie dem Baum. Sie wirkten lebendiger und jünger, fanden das Lachen und die Freude wieder und stellten eines Tages fest, dass sie wohl manches im Leben falsch gemacht hatten. Auch wenn das nicht mehr zu ändern wäre, so wollten sie wenigstens den Rest ihres Lebens ab jetzt anders gestalten. Sie sagen auch, dass sie Gott wohl ein wenig falsch verstanden hätten, denn Gott sei schließlich Leben, Liebe und Freude und kein Gefängnis. So blühten gemeinsam mit dem Baum zwei alte Menschen zu neuem Leben auf.

Es gab keinen Garten weit und breit, in welchem solch ein wild und fröhlich gewachsener Baum stand. Oft wurde er jetzt von Vorübergehenden bewundert, was der Gärtner, seine Frau und das Mädchen mit stillem, vergnügtem Lächeln beobachteten. Am meisten freute sie, dass der Baum all denen Mut zum Leben machte, die ihn wahrnahmen und bewunderten.

Diesen Menschen blickte der Baum noch lange nach - oft bis er sie gar nicht mehr sehen konnte. Und manchmal begann er dann, so dass es sogar einige Menschen spüren konnten, tief in seinem Herzen glücklich zu lachen.

Was Menschen dringend brauchen

Anhand der Geschichte von dem Baum wird sehr klar, was Menschen dringend brauchen, um seelisch und psychisch gesund bleiben zu können, nämlich Zuwendung und Zugehörigkeit, durch die Gemeinschaft mit anderen Menschen. Ähnlich wie dem Baum ergeht es vielen von uns. Bis zu einem gewissen Lebensalter kümmern sich andere Menschen um uns und ab einem von außen bestimmten Alter, sollen wir es dann selbst können. Wie? Das wurde uns nicht beigebracht. Was wir lernten, war: Bist du brav und erfüllst an dich gestellte Erwartungen, dann gehörst du dazu.

Erfüllen wir die Erwartungen jedoch nicht, sind wir anscheinend böse, unartig und eigenwillig. Damit fallen wir aus dem Rahmen, in den wir gepresst werden sollten. Wir gelten dann als „nicht normal", weil es schwer ist den Eigenwillen zu brechen. Dennoch halten sich die „Eigenwilligen" lange Zeit „über Wasser", bis auch sie irgendwann die Müdigkeit spüren, die eines Tages unumgänglich ist, wenn jemand „gegen den Strom schwimmt". Selbstzweifel kommen auf und dann muss man nur noch auf einen Menschen treffen, der es schafft, uns doch von der „Normalität" zu überzeugen. Sobald auch der ehemals Eigenwillige beginnt, mit dem Strom der sogenannten Normalität zu schwimmen, wird er als zugehörig anerkannt ... Doch er spürt wie der Baum, dass irgendetwas nicht stimmen kann. Nochmals kommt Auflehnung und in den meisten Fällen folgt dann Resignation, gepaart mit tiefer Traurigkeit, wie bei unserem Baum ...

Bis zu einem gewissen Grad sind wir sicher von anderen Menschen abhängig, nämlich solange, bis wir bereit sind Eigenverantwortung zu übernehmen. Wir können uns selbst in die Lage versetzen, die benötigte

Anerkennung zu erhalten, unsere Leistungen angemessen zu betrachten und bewerten, um von der Meinung Außenstehender frei und unabhängig zu sein. Haben wir das geschafft, freuen wir uns immer noch, wenn wir Anerkennung von außen erhalten, doch es ist nicht mehr NOT-wendig und wir strengen uns nicht mehr so sehr dafür an.

Wer die Kunst der Ermutigungsprinzipien erlernt wird erfahren, dass die innere Haltung der Ermutigung es ermöglicht, bestehende Beziehungen wesentlich zu verbessern. Wer die Kunst beherrscht, kommt nicht nur mit sich selbst besser zurecht, sondern der Umgang mit anderen Menschen verbessert sich um ein hohes Maß. Weil wir uns durch die neu erlernte innere Haltung wohler und leichter fühlen, schaffen wir es spielend, vom ICH zum WIR zu gelangen.

Das Gemeinschaftsgefühl

Alfred Adler war sich sicher, dass das Hauptanliegen des Menschen, das Streben nach Zugehörigkeit und nach einem Platz in der menschlichen Gesellschaft ist. Wie bereits erwähnt, ist die Bedeutung des Zugehörigkeitsgefühls nie hoch genug zu bewerten, weil der Mensch ein soziales Wesen ist. Deshalb braucht er andere Menschen, wie Fische das Wasser brauchen, um überhaupt existieren zu können.

Beim Gemeinschaftsgefühl geht es um gesellschaftlichen Mehrwert und um die Zuneigung von und zu anderen Menschen. Es handelt sich hierbei, um das Interesse der Anderen an uns und umgekehrt. Je ausgeprägter das Gemeinschaftsgefühl ist, umso zugehöriger fühlt sich der Einzelne oder, je ermutigter der Einzelne ist, umso mehr wendet er sich anderen Menschen zu, um im Sinne des gemeinschaftlichen Wohles zu handeln.

Ist der Ermutigungskreislauf überwiegend konstant, entwickelt ein Mensch genug Mut beizutragen, ohne sich ständig zu fragen, was andere von ihm denken. Genügend Zugehörigkeits- und Gemeinschaftsgefühl sind die Grundlage, um die Lebensbereiche: Liebe, Arbeit, Gemeinschaftsleben und ein guter Umgang mit sich selbst gut meistern zu können. Sind genannte Lebensbereiche erfüllt, fühlt sich der Mensch psychisch und sozial gesund.

Fühlen wir uns psychisch gesund, sind wir in der Lage uns sozial (für die Gemeinschaft, hilfsbereit, warm- und barmherzig) und nützlich zu verhalten. Menschen, die sich sozial verhalten, anerkennen, dass andere Menschen gleichwertig (den gleichen Wert haben, wie sie selbst) sind, gleich welcher Abstammung, Nationalität oder welchen Geschlechts, des Alters oder der Bildung usw. Sozial handelnde Menschen, sind soziale Wesen, die Gleichwertigkeit leben und wissen, dass sie so wie sie sind, gut genug sind und die ANDEREN AUCH! Entscheiden sich Eltern für eine ermutigende Erziehung, werden ihre Kinder auf natürliche und spielerische Weise „soziale Wesen“, die das Wohl der Mitmenschen, nie aus den Augen verlieren.

Würden sich Führungskräfte die Prinzipien der Ermutigung aneignen und die Mitarbeiter nach Ermutigungsprinzipien, ihren Stärken und der jeweiligen Priorität einsetzen und führen, würde sich die Personalausfallquote auf ein Minimum reduzieren, weil die Mitarbeiter auf natürlichste Art und Weise wieder Freude und Spaß an ihrer Arbeit hätten. Die Nachhaltigkeit ermutigender Führung sollte nicht unterschätzt werden.

Ermutigung

Die Grundeinstellung zur Ermutigung entspringt einer inneren Haltung, die den Wenigsten in die Wiege gelegt wurde, jedoch durch Übung und Training für jeden zugänglich wird. Mit ihrer soliden wissenschaftlichen Basis, steht sie nachweislich für eine moderne pädagogische Richtung, die mittlerweile auch in Schulen und in der Arbeitswelt immer mehr Anerkennung findet.

Theo Schoenaker, der Begründer des Encouraging-Trainings, hat bereits vor fünfundzwanzig Jahren den Weg für uns geebnet. Sein Konzept macht es uns möglich, in der Kindheit verpasste Gelegenheiten zu kompensieren und bestehende Beziehungen weitgehend zu verbessern. Sein Konzept ist konstruktiv gestaltet, sodass jeder Mensch seine A-Säule spielend leicht und selbstständig aufbauen kann. Wer mutiger, stärker und unabhängiger von der Meinung anderer sein will, sollte sich mit Ermutigung auseinandersetzen. Bauen wir ein Haus, benötigt dieses als Erstes ein stabiles Fundament. Wollen wir unser Leben gut meistern und schöne Beziehungen zu uns selbst und um uns herum aufbauen, benötigen wir ebenfalls ein stabiles Fundament.

Sobald die A-Säule aufgebaut ist, versetzt sich der Mensch in die Lage, sich selbst anzunehmen, zu akzeptieren und mit der Zeit, sich selbst zu lieben.

Zum besseren Verständnis ist anhand der folgenden Schaubilder die Wichtigkeit eines stabilen Fundaments erkennbar. Gleichzeitig ist ersichtlich, was passiert, wenn es sehr schwach, gar nicht oder nicht mehr vorhanden ist.

Das A- und B-Säulen Modell

Die A-Säule steht für das Existentielle - sich und andere Annehmen wie man ist/wie sie sind. Die B-Säule steht für das Beitragen und die Leistung. Die Säulen sind wie bei einem Haus von unten nach oben aufgebaut. Das Dach ist der letzte Baustein.

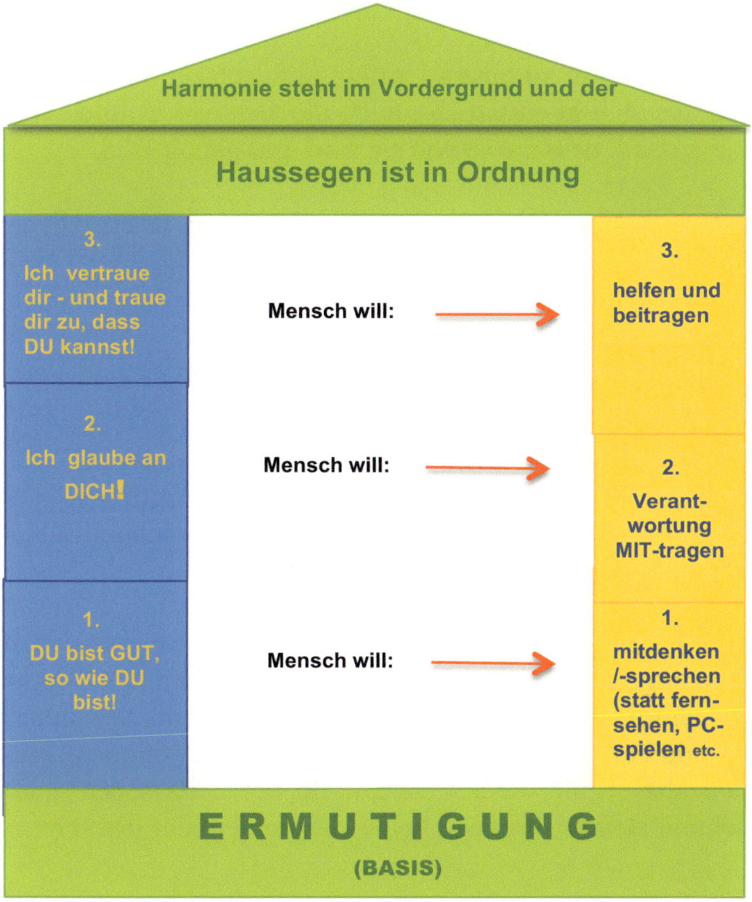

Stell dir vor, ein Baby auf das sich alle gefreut haben kommt zur Welt und bei ihm wird ab dem ersten Tag die A-Säule durch Baustein 1, 2 und 3 aufgebaut. Es wird so, wie es ist angenommen und keiner meckert, nörgelt oder kritisiert an ihm herum. Das Kind wächst heran und hat seine ersten Schritte allein geschafft. Doch nach dem dritten Schritt, ist es wieder umgefallen. Die Erzieher glauben an die Eigenkräfte des Kindes und ermutigen es, weiter zu machen. Sie setzen Vertrauen in das Kind und glauben daran, dass es das schon schaffen wird – sie trauen ihm etwas zu und **schenken** ihm großzügig ihr Vertrauen.

Kinder, die in so einem Umfeld aufwachsen dürfen, wollen aus sich heraus später auch die B-Säule erfüllen weil sie wissen, dass sie so wie sie sind, gut genug sind.

Jahre später... Die Zeit vergeht, das Kind wächst heran und befindet sich in der Pubertät… Es testet seine Grenzen und probiert sich aus. Dabei macht es häufig keine Schulaufgaben oder entwendet eines Tages eine CD im Kaufhaus, wird erwischt und von der Polizei es nach Hause gebracht ...

Unschwer zu erkennen ist, dass Baustein Nummer 3 nun erst einmal wegfällt. Fällt der Baustein „Vertrauen“ aus der Säule heraus, hängt der Haussegen ganz schnell schief und dadurch herrscht keine Harmonie mehr...

Man kann das Modell auch in die Partnerschaft übertragen, wenn ein Partner sich einer anderen Person zugehöriger fühlt und eine Beziehung mit der neuen Person beginnt ... Der Baustein „Vertrauen“ fällt zunächst aus der Säule heraus, wodurch der Haussegen ganz schnell schief hängt und keine Harmonie mehr herrscht ...

und ...

Das sieht dann so aus:

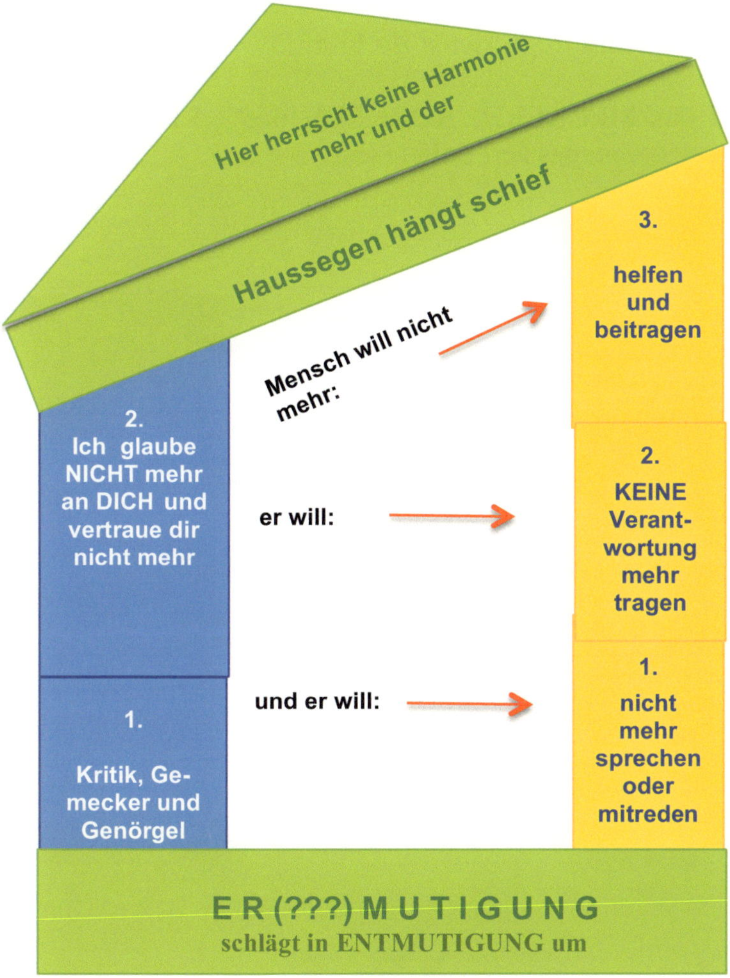

Nach einem Vertrauensbruch geht es in den meisten Fällen sofort los mit MECKERN, NÖRGELN und KRITISIEREN. Misstrauen und ständige Vorwürfe, zerstören die Harmonie und das Fundament wird immer wackeliger.

Die ermutigende Haltung schlägt in **ent**mutigende

Haltung um, was letztendlich nur zum völligen Zusammenbruch führen kann.

Und was dann folgt, siehst du hier ...

Wird das MECKERN, NÖRGELN und KRITISIEREN nicht gestoppt, passiert Folgendes:

Am Ende ist nur noch ein Scherbenhaufen übrig und von Ermutigung keine Spur mehr ...

Wegziehen des Fundaments…

Sobald das Fundament (Ermutigung) entzogen wird (was sich an fühlt, als würde einem der Boden unter den Füßen weggezogen), **bricht ALLES zusammen,** wie am Schaubild zu erkennen ist. Die fatalen Folgen sind bekannt. Wer dieses Modell versteht, weiß warum so viel Unruhe unter uns Menschen herrscht. Es fehlt einfach an Vertrauen, anderen etwas zuzutrauen und an Ermutigung. Stattdessen hagelt es Kritik, Gemecker, Genörgel und **ENT**mutigung. Unsere wichtigste Aufgabe besteht darin, so schnell wie möglich ein gesundes Fundament zu schaffen.
Vor der gleich folgenden Übung (die du unbedingt schriftlich machen solltest), erst mal das Thema, über den weitverbreiteten Irrglauben „Eigenlob stinkt“ und über die wahre Begebenheit mit Frau Schröder.
Es ist an der Zeit mit dem Gerücht, Eigenlob würde stinken, endlich aufzuräumen, weil es in keiner Weise zutreffend ist. Frau Schröder, meine ehemalige Nachbarin hatte mich in höchsten Tönen gelobt, weil ich ihr einen Dienst erwiesen hatte. Ich wusste damals noch nichts über das Thema Ermutigung und es war mir fast schon peinlich, ihr Lob für mich anzuerkennen, geschweige denn es anzunehmen. Sie sagte mir, dass ich das ruhig annehmen soll und es noch besser wäre, wenn ich in Zukunft etwas gut mache, mich dann auch selbst dafür loben soll. Oh je, das wirkte ja noch schlimmer auf mich, denn auch mir wurde ewig suggeriert „EIGENLOB STINKT“, was ich ihr auch mitteilte, doch sie sagte daraufhin: „So ein Quatsch!“ Und dann erzählte sie mir, was ihr verstorbener Mann noch kurz vor seinem Tod zu ihr sagte und das war: „Bertl, merke dir; wenn ich nicht mehr da bin und du hast etwas gut gemacht, dann klopf dir selbst auf die Schulter! Denn ich kann es nicht mehr. Wenn du warten willst, bis jemand kommt und es tut, dann kannst du vielleicht bis zu

deinem Lebensende warten.“ Frau Schröder berichtete noch, dass sie den Rat ihres verstorbenen Ehemannes für sich angenommen hat und immer praktiziert. Sie riet mir, es auch zu tun.

Ich dachte darüber nach und es erschien mir logisch. So begann ich langsam zu üben ... Als ich dann noch das Glück Schoenakers, meine Ausbilder zu treffen, ging es bezüglich Ermutigung stetig bergauf. So sehr, dass ich selbst Trainerin werden wollte, um anderen Menschen auch die Kraft der Ermutigung weiterzugeben.

Eigenlob - stinkt es? Ich glaube es nicht mehr. Realistisches Eigenlob ist sehr gut. Man erkennt dabei seine Leistung selbst an und ist weniger abhängig von der Anerkennung anderer Menschen, worauf wir, wie Frau Schröder sagte, unter Umständen, vielleicht unser Leben lang warten müssten ...

Der erste Schritt, um die A-Säule zu erreichen ist diese Übung.

Da wir jetzt wissen, dass EIGENLOB nicht stinkt und es gut ist, wenn wir uns selbst damit versorgen, schauen wir doch mal auf das Gute und Anerkennenswerte bei uns selbst ...

Um an sich selbst glauben zu können und zu glauben, dass man gut genug ist, wie man ist, muss man sich zunächst bewusst machen, was man an sich selbst anerkennenswert und gut findet.

Es ist höchste Zeit, um klar zu sehen und die Blickrichtung zu wechseln. Deshalb schauen wir nun zur Abwechslung auf das Gute, anstatt weiterhin und ständig auf das zu schauen, was wir nicht so gut an uns finden, nicht so gut können usw. Das haben wir uns lange genug antrainiert - ab jetzt machen wir es anders. Es ist nicht ganz einfach, doch wenn wir gezielt trainieren, gelingt es uns, alte Meinungen über uns ab- und neue anzutrainieren.

Schreibe jetzt mal deine Fähigkeiten, Talente und Gaben auf, die du an dir selbst anerkennst und gut findest. Betrachte dich ruhig auch im Spiegel. Wie siehst du dich? Was findest du optisch gut und was ist schön an dir? Schreib auf, was du gefunden hast.

Antworte einfach auf: Ich finde gut an mir, dass

ich, ______________________________

ich, ______________________________

ich, ______________________________

ich, ______________________________

ich, ______________________________

ich, ______________________________

ich, ______________________________

ich, ______________________________

ich, ______________________________

ich, ______________________________

ich, ______________________________

Darum geht es bei der Ermutigung

Wenn dich jemand anschaut, berührt, ein gutes Wort der Anerkennung sagt, dich sein lässt, wie du bist, oder dich anlächelt und du dich dadurch besser fühlst, dann war das, was der Andere tat, eine Ermutigung für dich. Ermutigung bewirkt eine Änderung in der inneren Haltung dessen, der ermutigt wird. Sie steigert das Gefühl von Selbstachtung, stärkt den Glauben an eigene Fähigkeiten und führt zu dem Schluss: „Ich weiß, ich bin okay! So, wie ich bin, bin ich gut genug!“ Und zu der Überzeugung: „Ich kann!“

Das einzige, was das natürliche Wachstumspotential im Menschen zur Entwicklung bringen kann, ist Ermutigung. Sie bewirkt konstruktive Entwicklungsprozesse in einzelnen Menschen, in Gruppen oder in der Gesellschaft. Sobald gute Ideen, Absichten, Pläne, Vorschläge oder Zielvorgaben auf **ent**mutigenden „Boden“ fallen, sind sie wirkungslos. Darum geht es!

Entmutigung raubt uns das Wichtigste, was wir im Leben brauchen, nämlich Mut zum Selbstvertrauen. Mit genug Selbstvertrauen sind wir immer kreativ genug, um anstehende Aufgaben zu lösen. Genügend Mut und darauf aufbauendes Selbstvertrauen trägt zu sinnvollen Kontakten mit anderen Menschen bei und dazu, diese zu pflegen. Ermutigung macht den Schwachen stärker, den Kranken gesünder, den Zweifelnden sicherer, den Ängstlichen mutiger, den „Kleinen“ größer, macht Diskussionen konstruktiver, fördert den Frieden in Ehen, Familien, am Arbeitsplatz und überall, wo Menschen zusammen sind.

Misstrauen, Leid, Gedanken der Abneigung und Trennung, wurde stets durch Entmutigung eingeleitet oder verstärkt. Theo Schoenaker sagt, dass **Er**mutigung **das Öl im Getriebe der Gesellschaft** ist. Sie wirkt präventiv und unterstützt die selbstregulierenden Kräfte des Menschen. Prozesse, die durch Ermutigung eingeleitet werden, verändern deine Verhaltensebene und dein Lebensgefühl zum Positiven ohne dich als Person zu verändern.

Ermutigung trägt zur Verbesserung deiner und der Lebensqualität anderer bei. Sie ist überall einsetzbar, und sie ist erlernbar!

Die drei Ebenen der Ermutigung[18]

Die erste Ebene: der Körper
Die zweite Ebene: die allgemeinen Fähigkeiten
Die dritte Ebene: die Einzelheiten in den letzten Tagen

Die erste Ebene kennen wir sehr gut aus der Verliebtheitsphase, wobei wir uns anfangs an Körperlichem orientieren und feststellen, er oder sie hat: schöne Haare, eine gute Körperhaltung, schöne weiße Zähne, das herzhafte Lachen, die gepflegten Hände oder die braunen Augen u.v.m.
Bei der zweiten Ebene, schauen wir auf allgemeine Fähigkeiten und Eigenschaften wie: Die Art, wie man dich zum Lachen bringt, wie gut oder ob der Mensch zuhören kann, dir das Gefühl gibt, an dir interessiert zu sein, seine Kreativität usw.
Bei der dritten Ebene geht es um Wertschätzung und wie wahrgenommen wird, was eingebracht wurde. Es geht um Handlungen, Taten und Kleinigkeiten (die niemals selbstverständlich sind, doch leider oftmals als Selbstverständlichkeit gesehen und angenommen werden). Beispiele dafür sind: Der Partner kommt von der Spätschicht und die Partnerin hat ein gutes Essen für ihn vorbereitet. - Er erkannte, dass sie müde war und hat den Hundespaziergang für sie übernommen. - Er ist dankbar, dass sie sich um die kranke Schwiegermutter gekümmert hat. - Sie ist dankbar, dass er ihren Sohn gleichwertig behandelt und

[18] Auszug aus dem Seminar-Buch: „Lebensfreude leicht gemacht" v. RDI-Verlag

keine Unterschiede gegenüber dem gemeinsamen Kind macht usw.

In den Beispielen ist zu erkennen, dass alle drei Ebenen wichtig sind, egal ob man andere Personen (Fremdermutigung) ermutigt oder auf sich selbst (Selbstermutigung) schaut.

Es ist nicht selbstverständlich, dass z. B. eine Mutter und Ehefrau täglich: Ein warmes Essen auf den Tisch bringt, Einkäufe erledigt, sich um die Hausaufgaben kümmert, das Haus sauber hält, stets frische Wäsche im Schrank bereitlegt oder für Pausenbrote usw. sorgt. Es ist auch nicht selbstverständlich, dass ein Vater und Ehemann: Jeden Tag zur Arbeit geht, den Lebensunterhalt (wovon alle sich ernähren können) für die Familie verdient, oder dass er sich um des Autos kümmert, den Rasen mäht, am Samstag etwas mit den Kindern unternimmt, damit die Mutter entspannen kann, oder dass er die Schwiegermutter zum Arzt fährt usw. Es ist auch nicht selbstverständlich, dass ein Mitarbeiter für seine Kollegen einspringt, bereitwillig Zusatzaufgaben übernimmt, im Notfall dem Unternehmen zuliebe seinen Urlaub abbricht, oder gar Doppelschichten übernimmt usw. Und es ist auch nicht selbstverständlich, dass Kinder beitragen und mithelfen, mal auf das Geschwister aufpassen, einkaufen gehen oder beim Abwasch helfen ...

Die Auswirkungen von Er- und Entmutigung, zeigen folgende Schaubilder:

Der ENT-mutigungskreislauf

K 13 Der Entmutigungskreislauf

Der ENT-mutigungskreislauf stellt sich bei Verlust des Zugehörigkeitsgefühls so dar:

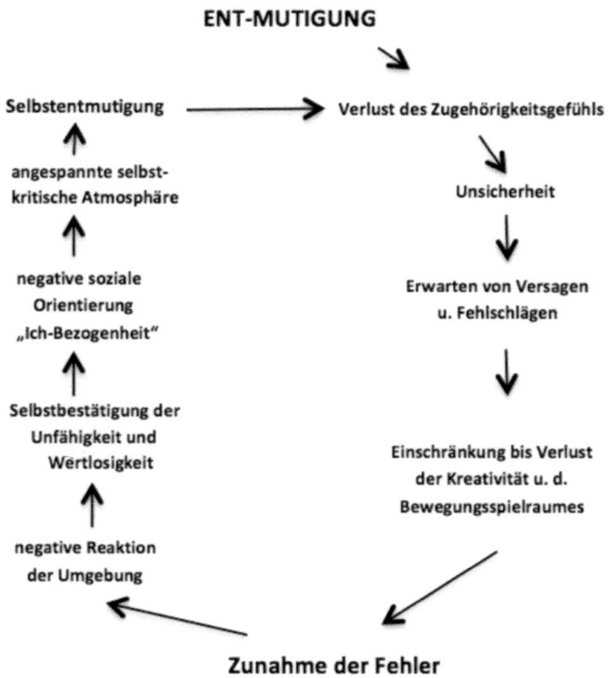

Der ER-mutigungskreislauf

K 14 Der Ermutigungskreislauf

Der ER-mutigungskreislauf stellt sich bei vorhandenem Zugehörigkeitsgefühls so dar:

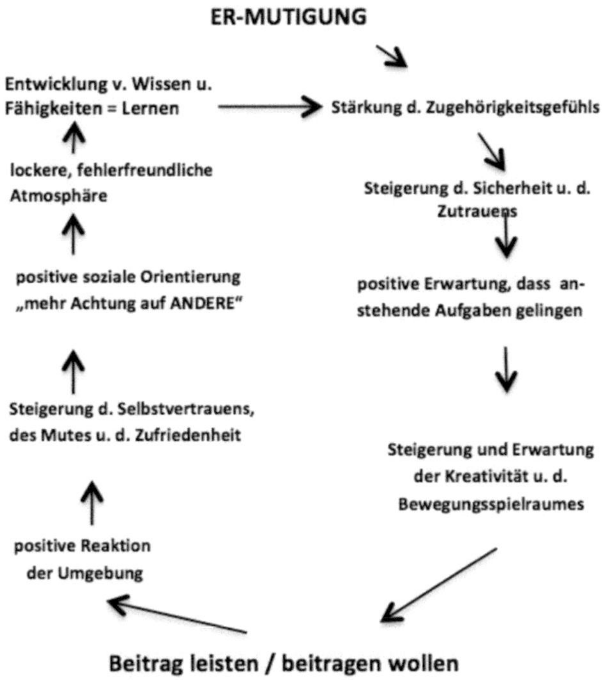

Neuorientierung

Menschen bekommen in der heutigen Zeit meist das, was sie am wenigsten brauchen: KRITIK, GEMECKER, GENÖRGEL und **ENT**MUTIGUNG in jeglicher Form. Anstatt bei sich selbst zu bleiben, ziehen sie in der Kommunikation mit anderen vor, über nicht anwesende Personen zu sprechen. Weil eine große Masse von Menschen es genauso macht, wird es als „normal" akzeptiert und kaum einer bemerkt, dass er nicht nur anderen Menschen damit schadet, sondern am meisten sich selbst. Menschen die so handeln, sind meist Menschen mit zu geringem oder keinem Zugehörigkeitsgefühl und wenig oder keiner Selbstachtung. Um dennoch Zugehörigkeit spüren zu können, suchen sie andere Menschen, die mitmachen und sie bestätigen. Da sich Fehlerorientierung, Pessimismus, Misstrauen und Negativität nie auszahlen und den Menschen letztlich in Resignation und Einsamkeit führen, sollte Ermutigung, und ihre Prinzipien, bestenfalls Thema für jeden Menschen werden. Im Grunde ist es nur **eine** Entscheidung, oder wie Antoine de Saint-Exupéry es sagt:

„Um klar zu sehen, genügt ein Wechsel der Blickrichtung".

Wir alle haben die Wahl uns jeden Tag neu zu entscheiden und jedem von uns ist es überlassen Liebe, Freiheit, Optimismus, Lebensfreude und psychische Gesundheit zu wählen. Nur wir selbst entscheiden, ob wir er- oder entmutigen, freundlich oder unfreundlich, oder ob wir gut oder schlecht über jemand sprechen und denken wollen oder nicht. Folgende Seiten geben den Menschen Anregung, die sich für gelungenere Beziehungen und ein bewussteres Leben interessieren.

Über das: Denken in Zuneigung[19]

Wie du mittlerweile weißt, entscheidest du dich für das, was du denkst, weil Gott dir den freien Willen geschenkt hat und du ein Entscheidungen treffendes Wesen bist. Das betrifft auch deine Gedankenwelt, denn wie du jetzt auch weißt, führst du wie alle anderen Bewohner dieses Planeten, unbewusste Selbstgespräche, die dafür sorgen, wie du dich fühlst.

Entscheidest du dich, nicht gut über dich oder einen anderen Menschen zu denken, so wird auch die Beziehung zu dir oder diesem Menschen wahrscheinlich nicht von Herzlichkeit geprägt sein. Du kannst frei wählen, ob du auf das Gute schauen willst oder auf das, was du weniger gut findest. Das Ergebnis sieht in jedem Fall immer so aus, dass das, was du gibst, immer wieder auf dich zurückfällt. Sendest du gute und schöne Gedanken über dich und andere Menschen aus, wird Gutes und Schönes auf dich zurückfallen. Machst du es umgekehrt, dann fallen ziemlich viele unschöne Dinge auf zurück. Du kannst dich entscheiden:

Schau dir vor deiner Entscheidung doch bitte folgenden Schaubilder genau an:

[19] Weiterer Auszug aus dem Seminar-Buch: „Lebensfreude leicht gemacht“

Schaubild 1 – Denken in ABneigung

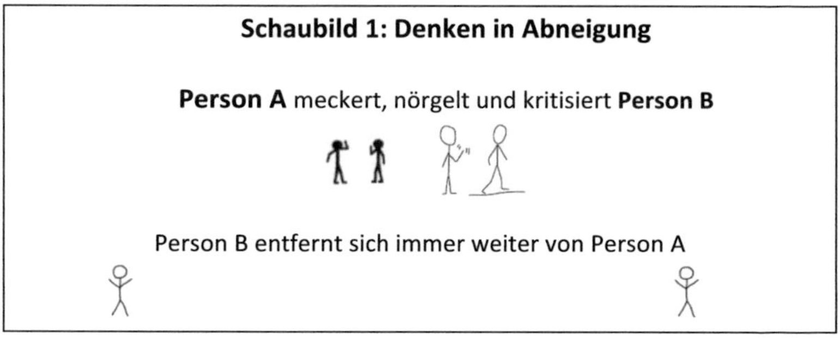

Das Ergebnis: Es entsteht gegenseitiges „Denken in **AB**neigung“ und letztlich steht jeder alleine da und fühlt sich dem anderen Menschen nicht mehr zugehörig.

Dasselbe erreichst du, wenn du nichts Gutes über dich selbst denkst. Mit der Zeit magst du dich immer weniger und am Ende vielleicht gar nicht mehr ... Von Selbstliebe oder Liebe zu deinem „inneren Kind“, keine Spur ...

Schaubild 2 – Denken in Zuneigung

Person A **Person B**

A schaut **B** freundlich an und spricht mit freundlicher Stimme/zeigt echtes Interesse und denkt zuneigend über **B**

Ich habe dich schon lange nicht mehr so genau angeschaut, du siehst sehr gut aus

Du hast dich verändert, du bist viel netter

Danke, das hör ich gern

So geht das noch 3 - 4 Mal hin und her - jeder sagt dem anderen etwas, das ihm gut tut. Beide kommen jeweils einen Schritt näher und dann geschieht das

So schaffen sie beide die Basis für eine gesunde, gelungene Beziehung.
Sie fühlen sich wohl und zugehörig - gehen zusammen und schaffen es gemeinsam

Ergebnis: Es entsteht gegenseitiges „Denken in **ZU**neigung“ und gehen beide immer mehr aufeinander zu, bis sie sich umarmen. Keiner steht alleine da und jeder fühlt sich dem anderen zugehörig. Dasselbe erreichst du, wenn du lernst, Gutes über dich selbst zu denken.

Für sich selbst und die Anderen...

Wer zu wenig in Zuneigung denkt,
verdirbt sich den Humus,
auf dem die Beziehung wachsen
könnte.

Es lohnt sich zu üben!

Wenn ein Mensch neun gute Eigenschaften hat und nur eine Schlechte,
dann schau auf die neun Guten.
Wenn ein Mensch neun schlechte Eigenschaften hat und nur eine Gute,
dann schau auf die EINE Gute.

'Abdu'l-Bahá

Du bist es wert, geliebt zu werden

Du bist es wert geliebt zu werden!

Du bist DU und so wie DU bist, bist Du gut genug!

Du bist wichtig, wertvoll und liebenswert,

DU in deiner eigenen Art!

Wusstest du das schon? Hat man dir das schon einmal gesagt? Hast du es dir selbst schon einmal gesagt? Die meisten Trainingsteilnehmer beantworten diese Fragen mit einem klaren NEIN.

Wenn du das selbst glauben kannst und dabei weißt, dass du erst dann, wenn du davon ausgehst, gut genug zu sein, Fortschritte machst, hast du die Grundlage für ein glücklicheres Leben geschaffen. Deine Erfahrung wird dir klar gemacht haben, dass es dir nicht viel bringt, wenn du nicht gut über dich denkst und du nicht gut mit dir selbst umgehst ...

Émile Coué (1857 – 1926), war ein französischer Apotheker und der Begründer der bewussten Autosuggestion. Mit der Zeit merkte er, dass die Pillen und Pülverchen, die er Menschen verkaufte, nicht wirklich halfen. Doch er wollte helfen und ihm war wichtig, die eigenen Heilkräfte der Menschen zu stärken und möglichst vielen beizubringen, wie sie sich selbst helfen konnten. Dies wurde zu seinem neuen Ansatz. Er beschäftigte sich mit der Psyche des Menschen und studierte dann Psychologie, um die Zusammenhänge zu erkennen. Dabei fand er heraus, dass unsere Gedanken immense Macht über uns haben und dass wir mit uns selbst sprechen. Ebenso stellte er fest, dass die Selbstgespräche nicht sehr positiv verliefen und er wusste, dass sie als Negativsuggestion in uns wirken und uns krank machen.

So machte er sich daran die Gedanken in eine Positivsuggestion umzukehren, denn ihm war klar: Wenn Selbstsuggestion im Negativen wirkt, kann sie es auch im Positiven. Dazu prägte er folgenden Satz:

„Mir geht es mit JEDEM Tag und in JEDER Hinsicht immer besser und besser!“

Seine Empfehlung war, sich ein Seilchen mit zwanzig Knoten zu basteln und sich jeden Morgen, bestenfalls vor dem Aufstehen und jeden Abend kurz vorm Einschlafen zwanzig Mal hintereinander zu sagen: „Mir geht es mit JEDEM Tag und in JEDER Hinsicht immer besser und besser!“

Er beobachtete und erforschte die enorme Wirkung der Selbstsuggestion (des positiven Selbstgesprächs) und entschied, seine Apotheke aufzugeben, um mit seiner Frau durch die Welt zu reisen, Vorträge zu halten, um seine Entdeckung allen Menschen zugänglich zu machen. Eines Tages hielt er vor großem Publikum wieder einen

Vortrag. Da meldete sich eine Frau zu Wort und sagte: „Lieber Herr Coué, das hört sich ja unwahrscheinlich leicht an. Ich kann ich nicht glauben, dass es funktioniert.“ Herr Coué antwortete ihr: „Meine liebe Dame, sie sollen es nicht glauben, sie sollen es tun!“

Auch ich habe es ausprobiert und es zeigte seine Wirkung, wie bei allen, die es ausprobieren. Deshalb, besorge dir ein Seilchen und

TU ES!

Wer den Mut dazu hat, erkennt sehr bald die Wirkung.

Positive und negative Selbstgespräche

Wir wissen bereits, dass sich negativ geführte Selbstgespräche sehr destruktiv auf uns auswirken. Ständig mit sich selbst zu schimpfen und sich abzuwerten, ist Selbstsabotage und die Folgen sind nicht absehbar. Um Depressionen und Schlimmerem die Tür zu verschließen, sollten wir lernen, wie wir positiv mit uns sprechen können, um dadurch konstruktiv auf uns einzuwirken.

Kennst du solche Sätze?

„Ich bin ja so blöd." - „Meine Güte, wie doof kann man sein?" - „Ich wusste, dass es wieder nicht gut geht." - „Klappt bestimmt nicht." - „Das schaff ich nicht." - „Das kann ich nicht." u.v.m.
Wenn dir künftig auffällt, dass du so mit dir sprichst, dann stoppe sofort deine Gedanken und entscheide dich für neue Gedanken.
Sag dir dann: „NEIN!!! Heute nicht!" Und dann dreh den Satz um und formuliere ihn ins Positive: „Ich bin nicht blöd." - „Ich bin sicher, dass es gut geht." - „Das klappt." - „Das schaffe ich."

Merke: Dein Unterbewusstsein glaubt IMMER, was du ihm sagst, ob positiv oder negativ. Umdenken lernen, lohnt sich in jedem Fall.
Sag dir auch immer wieder: „Ich bin ich und so wie ich bin, bin ich gut genug! Ich wichtig, einzigartig und liebenswert - ich, in meiner eigenen Art."
Teste für mindestens eine Woche auch den Tipp mit dem Seil von Émile Coué. Du hast nichts zu verlieren ...
Entscheide dich auch, für das Denken in Zuneigung und schau mal für eine gewisse Zeit nur auf das Gute bei dir und deinen Mitmenschen und auf das, was gut ist an dei-

ner momentanen Lebenssituation und was an deinem Arbeitsplatz gut ist. Was ist gut, schön und anerkennenswert?

Durch deine Gedankenwahl entscheidest du, mehr auf dich und Menschen in deinem Umfeld zuzugehen. Du entscheidest auch selbst, dich weiter von ihnen zu entfernen, wenn du nicht bereit zum Umdenken bist. Die Schaubilder zeigen es konkret. Ob es leicht oder schwer ist, den ersten Schritt auf andere Personen zuzugehen, entscheidest auch du selbst. Meist ist es gar nicht so schwer, wie du vermutet hattest.

Wenn wir uns im positiven Selbstgespräch immer wieder den Satz sagen:

„Ich bin ich und so, wie ich bin, bin gut genug! Ich bin einzigartig, wichtig und liebenswert - ich in meiner eigenen Art.“

Dann glaubt es das Unterbewusstsein auch bald - und nicht nur dein Unterbewusstsein, sondern du selbst glaubst es dann auch. Trainiere es, wie es Teilnehmer im Encouraging-Training zehn Wochen lang trainieren. Bisweilen gab es keinen Teilnehmer, der nach Training nicht fröhlicher war ...

Das positive oder negative Selbstbild und seine Folgen

Ein Aphorismus aus dem Talmud spiegelt treffend wider, was durch unser Denken mit uns geschieht.

Achte auf deine Gedanken, denn sie werden Worte.
Achte auf deine Worte, denn sie werden Handlungen.
Achte auf deine Handlungen, denn sie werden Gewohnheiten.
Achte auf deine Gewohnheiten, denn sie werden dein Charakter.
Achte auf deinen Charakter, denn er wird Dein Schicksal.

Aufgrund unserer Gedanken werden unsere Selbstgespräche gelenkt. Gedanken führen uns zu unseren Gefühlen und diese wiederum zu unseren Handlungen. Menschen, die einen bewussten und guten Umgang mit sich selbst erlernt haben, strahlen Zufriedenheit aus. Sie denken gute Gedanken über sich und andere Menschen. Sie erkennen das Gute, vertrauen sich selbst und anderen und glauben nicht, was sie hören, sondern suchen selbst nach der Wahrheit. Sie nehmen sich und andere an und entwickeln dadurch ein positives Selbstbild. Durch ihre Gedanken bleiben sie in der positiven Energie, die sie nicht mehr wollen.

Menschen, die sich hingegen den ganzen Tag mit negativen Gedanken beschäftigen, entwickeln sicher kein positives Selbst- oder Fremdbild. In ihren Gedanken nehmen sie weder sich noch nicht an, wie sie sind. Indem sie nur auf das, was sie nicht gut finden schauen, erzeugen negative Gefühle, die sie zu unschönen Handlungen treiben. Wer negative Gedanken wählt, zieht sich selbst runter und sorgt regelmäßig dafür, den Entmutigungskreislauf aufrechtzuerhalten, um weiterhin Selbstsabotage zu betreiben. Er blockiert sich selbst wodurch er Lebensfreude und Glücksmomente verhindert, die er durchaus erleben dürfte, wenn er den Kreislauf durchbrechen würde. Die Wahl so zu leben ist ihm scheinbar schon so sehr zur Gewohnheit geworden, dass er kaum daran glauben kann, sein Leben neu gestalten zu können.

Leider reicht es dem Menschen mit einem Negativselbstbild oft nicht, dass es ihm nicht gut geht. Nein, er tut sehr viel dafür, damit Menschen in seinem Umfeld auch leiden müssen. Sein Umfeld versucht ihn „hochzuziehen“ und resigniert irgendwann, weil es unmöglich ist.

Stell dir vor, du stehst auf einem Tisch und sollst eine Person, die am Boden liegt, hochziehen. Diese Person unterstützt dich in keiner Weise, obwohl du alle Kraft einsetzt, sie nach oben zu bewegen. Irgendwann lässt auch deine Kraft nach und die Schwerkraft zieht dich mit runter.

Solange Menschen durch ihren eigenen Antrieb nicht bereit sind wieder aufzustehen, wird sich NICHTS verändern, selbst wenn wir es uns noch so sehr wünschen. Jeder Mensch muss eigene Entscheidungen treffen, es anders machen zu WOLLEN.

Den Depressionen die Türen verschließen

Beleuchten wir zunächst die Worte >deprimieren< und >Depression<. Beide Begriffe haben lateinische Wurzeln, so bedeutet deprimieren „niederdrücken“ und Depression „Niedergeschlagenheit“. Niederdrücken → „Druck nach unten“.

Durch ständige **Ent**mutigung bewegen wir uns selbst nach unten. Entmutigende Gedanken treiben Menschen in tiefste Täler. Je tiefer wir in Gedanken des Versagens verharren und uns nichts mehr zutrauen, umso mehr droht die Gefahr, Depressionen alle Türen zu öffnen. Dunkle Gedanken führen uns manches Mal so tief in die Dunkelheit, dass wir kaum noch fähig sind, einen Lichtstrahl zu erblicken. Lassen wir uns auf diese Gedankenwelt ein, werden wir immer kraft- und hilfloser und scheinen die Macht über uns selbst verloren zu haben. Doch das scheint nur so, denn wir haben die Macht über uns nur vorübergehend abgegeben. Bei genauer Beleuchtung ist Dr. Wayne Dyer's Aussage[20]:

Wem ich die Schuld gebe, gebe ich die Macht

richtig. Wir geben Menschen Schuld an Situationen, die wir selbst verursacht haben und geben damit unsere Macht an sie ab, ohne es zu merken. Doch wir können uns die Macht zu jeder Zeit wieder zurückholen. Wie das geht, zeigt das nächste Kapitel.

[20] *Dr. Wayne Dyer, How to be a No-Limit Person*

Verzeihen

Verzeihen bedeutet „anschuldigen“ oder „beschuldigen“ und auf Taten zeigen, die jemand verschuldet hat. Verzeihen ist ein sehr großes Thema. Da die Komplexität des Verzeihens so enorm ist, habe ich das Thema lange bearbeitet und ein Hörbuch[21] darüber veröffentlicht. Während der Bearbeitung fiel mir auf, dass verzeihen an sich schon sehr schwierig ist, doch sich zu selbst verzeihen, wohl eine der schwierigsten Aufgaben ist, die uns je auferlegt wurde. Meiner Ansicht nach ist es einer der besten Wege für einen Neustart. Deshalb veröffentliche ich hier einen Auszug meines Hörbuches.

Mir selbst verzeihen - wie geht das?

Wenn es darum geht, sich selbst zu verzeihen, sich selbst verzeihen zu wollen, wird die Schwierigkeit des Verzeihens erst richtig klar ...

Warum ist es so schwierig?

- Wahrscheinlich deshalb, weil wir uns selbst gerne in einem anderen Licht sehen wollen
- Weil wir nicht gerne auf unsere eigenen Fehler schauen wollen
- Oder vielleicht, weil wir uns selbst vormachen, dass das, was wir getan haben, gar nicht so schlimm sein kann?

Da ist es wohl leichter die Schuld an Geschehenem, anderen Beteiligten anzulasten ... Doch im tiefsten Innern wissen wir um unsere Schuld und unser Zutun an der ganzen

[21] *VERZEIHEN - DIR... - MIR... - wir uns... - RDI-VERLAG*

Misere. Es tut weh, sich einzugestehen, dass man doch nicht „so gut“ war, wie man sich selbst sah und dass man am eigenen Unglück, in dem man sich befindet, selbst Schuld mitträgt. Dieses Selbstbekenntnis scheint so schwer zu sein, dass man vorzieht, sich weiter zu quälen, indem man weiterhin alles verdrängt. Dadurch geraten wir immer tiefer in den Akt der Selbstsabotage und merken lange Zeit nicht, was wir uns antun. Wir bemerken nicht einmal, dass wir uns mitten im Prozess, der Selbstsabotage befinden ... Wir spüren nur, dass es uns immer schlechter geht, die Lebensfreude mehr und mehr schwindet und dadurch graben wir die Grube immer tiefer ... Je tiefer sie wird, umso schwieriger wird es, wieder aus ihr heraus zu steigen ...

Ich habe es selbst erlebt ... In vollstem Vertrauen habe ich mein Vermögen, für das ich jahrelang sehr hart gearbeitet hatte, in ein Projekt investiert. Dabei habe ich Menschen vertraut, die mein Vertrauen nicht verdienten und so habe ich das verloren, was meine Existenz absichern und mein Leben hätte erleichtern können. Als das Projekt scheiterte, schob ich zunächst die ganze Schuld auf die Menschen, denen ich mein Vertrauen geschenkt hatte. Das tat mir anfangs vermeintlich gut, denn ich musste mich in diesem Moment nicht mit meinen Anteilen an diesem Fehler auseinandersetzen. Dennoch wusste ich darum und im stillen Kämmerchen habe ich mich selbst so ausgeschimpft und niedergemacht, wie ich es mit keinem anderen Menschen jemals tun würde. An einen guten Umgang mit mir selbst, war nicht mehr zu denken. Alles kreiste sich nur noch um Gedanken des Verlustes und wie dumm ich doch war, so gehandelt zu haben. Ich tat alles dafür, dass es mir psychisch immer schlechter erging.

Dabei vergaß ich meine gesunde Ernährung, worunter ich mit der Zeit auch körperlich sehr stark gelitten habe. Ich vergaß meinen Glauben, das Beten und das Lesen in den Schriften, was mir vor dem Fehler immer sehr wichtig war und mir stets Kraft verlieh. Die Selbstsabotage ging so weit, dass ich nicht einmal mehr fähig war, anstehende Arbeiten so zu bewältigen, wie ich es hätte tun müssen. Letztlich hatte ich gar keine Kraft mehr zu arbeiten und wurde sehr krank. Mir fehlte jegliche Energie.

Weiter und weiter ging ich in der **Ent**mutigungsspirale nach unten. Meine sonst vorhandene Kreativität und mein Bewegungsspielraum waren derart eingeschränkt, dass die Fehlerquote noch mehr zunahm und ich der Meinung war, gar nichts mehr richtig zu machen. Ich hörte auf, an mich selbst zu glauben, erkannte nichts Gutes mehr an mir und meinem bisherigen Leben ... So ging das eine ganze Weile, fast ein Jahr, bis mir eines Tages beim Hundespaziergang, der Satz einfiel:

„Wenn du wissen willst, was du **WIRKLICH** willst,
musst du schauen was du **TUST** -
und was **DADURCH** dann passiert."

Der aus der Individualpsychologie stammende Satz, besagt auch, dass das, was **DADURCH** dann passiert, **genau das ist**, was ich wirklich will.

Während ich darüber nachdachte, wurde ich wieder „wach". Es kam mir vor, als hätte ich mich in einem schlechten Traum aufgehalten.

Ich sagte mir diesen Satz und begann sofort mich zu fragen, was ich denn tue. Als ich nach Hause kam, nahm ich Stift und Papier zur Hand, um zu notieren alles was ich „so tue."

Da kamen dann Sätze wie:

- ich ernähre mich ungesund
- ich lebe sehr zurückgezogen
- ich schaue nur noch traurig
- ich mache mir die Dankbarkeit nicht mehr bewusst

- ich schimpfe in Gedanken mit mir
- ich bete nicht mehr und lese auch nicht mehr in der Bibel und den Schriften
- ich schiebe die Schuld auf die Menschen ab, die mein Vertrauen missbrauchten u. v. m.

Nun schaute ich, was **dadurch dann passiert**, das sah dann so aus:

- ich ernähre mich ungesund - was passiert dadurch?
  → ich habe keine Kraft und Energie - ich werde krank
- ich lebe sehr zurückgezogen - was passiert dadurch?
  → ich fühle mich einsam
- ich schaue nur noch traurig durch die Gegend - was passiert dadurch?
  → ich demonstriere mein Unglück, damit alle sehen können, wie schlecht es mir doch geht
- ich mache mir die Dankbarkeit nicht mehr bewusst - was passiert dadurch?
  → ich ziehe keine Kraft mehr aus der Dankbarkeit
- ich schimpfe in Gedanken mit mir selbst - was passiert dadurch?
  → ich mache mich selbst klein und an Freude ist nicht zu denken
- ich bete nicht mehr und lese auch nicht mehr in der Bibel und den Schriften - was passiert dadurch?
  → ich lehne es ab, Kraft und Energie zu tanken
- ich schiebe die Schuld auf diese Menschen ab, die mein Vertrauen missbrauchten
  → ich gebe fremden Menschen Macht über mich

Die nächsten Fragen lauteten dann:

- Will ich denn wirklich, dass, **ich kraft- und energielos bin und dabei krank werde?**
- Will ich denn wirklich, **einsam** sein?
- Will ich denn wirklich **mein Unglück**

demonstrieren, sodass alle es sehen können?

- Will ich mich denn wirklich **selbst klein** machen?
- Will ich denn wirklich **undankbar** sein?
- Will ich wirklich **nicht die Kraft und Energie spüren,** die ich immer aus meinem Glauben gezogen habe?
- Will ich denn, dass diese Menschen weiterhin **mein Leben** bestimmen und **Macht über mich** haben?

Wenn es das ist, was ich laut individualpsychologischer These anscheinend **wirklich will**, dann musste ich mich jetzt fragen, **was ich damit bezwecken wollte** ... was passierte denn noch dadurch? Ich war mittlerweile so krank, dass ich nicht gar mehr arbeitsfähig war.

- Vielleicht wollte ich ausruhen - **endlich einmal ausruhen** nach vielen Jahren arbeiten, ohne wirklichen Urlaub
- Vielleicht wollte ich mir unbewusst eine Auszeit verschaffen und **erlaubte mir dies nur durch Krankheit ...**
- Meine Traurigkeit ließ auch mein Umfeld traurig werden - vielleicht wollte ich unbewusst, **dass es ihnen auch nicht gut geht ...**

Alles sah danach aus, dass ich es mir nicht mehr erlauben durfte, wieder froh zu sein oder es mir wieder gut gehen zu lassen. **Es war wohl eine Art Selbstbestrafung**. Durch meinen Fehler hatte ich mich aus meiner Sicht **vermeintlich,** um Jahre zurückgeworfen ...
Dies tat ich jedoch erst durch mein Verhalten NACH dem Fehler. Meine Selbstbestrafung hielt mich von all dem ab, **was ich hätte tun können ...**
Das war meine nächste Frage an mich: **Was kann ICH tun**, damit es mir wieder besser geht. Ich wusste, dass ich die Wahl habe!

- Ich kann anderen Menschen sofort die Macht über mich entziehen, indem ich mich gedanklich nicht mehr mit ihnen beschäftige
- Ich kann den „**IST-Stand**“ akzeptieren
- Ich kann meine Ernährung wieder „auf gesund“ umstellen
- Ich kann meine Schriften herausholen und wieder darin lesen und Kraft daraus schöpfen
- Ich kann das Dankbarkeitsprinzip wieder anwenden
- Ich kann wieder das Gute an mir selbst anerkennen und auch wieder auf das Gute, um mich herum schauen
- Ich kann den freundlichen Blick anwenden und nicht mehr so traurig oder griesgrämig durch die Gegend schauen
- Ich kann Freunde einladen und einen gemütlichen Nachmittag mit ihnen verbringen

  ... und da gibt es noch so viel mehr ...

So fing ich klein an und setzte meine neuen Vorhaben nach und nach um. Schon sehr bald ging es mir wieder besser und ich baute auf. Bereits nach dem Wechsel der Blickrichtung, indem ich wieder auf das schaute, wofür ich dankbar sein konnte, ging es mir wesentlich besser. Nun hatte ich auch wieder die Kraft, auf meinen eigenen Anteil bei der Sache zu schauen. Dieser war, dass ich fremden Menschen vertraut habe, was ich nicht hätte tun sollen. **Das hätte ich also besser wissen können**. Vor der großen Entscheidung hätte ich mir Rat von meiner Familie oder von Freunden einholen sollen. **Doch ich dachte, dass ich so intelligent bin, um selbst entscheiden zu können.** Ich hätte **geduldiger** sein und die Sache **bedachter angehen können.**

Wie auch immer: Zu diesem Zeitpunkt war ich noch nicht

so weit wie heute. Wäre ich es gewesen, wäre mir viel erspart geblieben. Ich lernte, all das zu akzeptieren und es ist heute so, dass ich die Beteiligten „als Täter“, einfach Mensch sein lasse und sie als solchen auch akzeptiere, dennoch ihre Taten, nach wie vor nicht gutheiße, sie jedoch als gegeben annehme. Zudem glaube ich, dass jeder Mensch die Früchte bekommt, deren Samen er sät und insofern liegt es nicht in meiner Hand, mich um „Strafe“ kümmern zu müssen. Auch das ist ein beruhigender Gedanke für mich.

Auch bemühte ich mich, das Gute an der Sache zu erkennen. Dazu gibt es heute einiges zu sehen, weil ich jetzt dazu bereit bin. Ich sehe, dass ich reifen durfte und gelernt habe, **nicht alles alleine machen und entscheiden zu müssen**. Durch diese Angelegenheit ist mein Buch „Lebensfreude“ entstanden, verbunden mit dem Wunsch, dass andere Menschen nicht erst einen solchen Leidensdruck erleben müssen. Hätte ich nicht so gelitten, wäre ich sicher nie auf die Idee gekommen, das Hörbuch zu produzieren.

Das Wichtigste, sich selbst zu verzeihen ist, nicht zu lange damit zu warten und das Wissen, dass alles zwei Seiten hat. Wenn wir bereit sind, auch die zweite Seite zu „lesen“, dann finden wir auch irgendwann etwas Gutes an einer Sache, auch wenn man sich das zunächst gar nicht vorstellen kann.

Mittlerweile bin ich davon überzeugt, dass uns im Leben nichts „umsonst“ passiert. (Hier spreche ich vom Leben eines erwachsenen Menschen, der eigenverantwortlich handeln kann). Es scheint, als wären es „Lebensprüfungen“ und je besser ich mich auf diese Prüfungen vorbereite, umso besser schneide ich dabei ab.

Seit ich mir meine Fehler selbst verziehen habe, geht es wieder bergauf. Wer weiß, was passiert wäre, wenn ich durch die damalige Fehlinvestition erreicht hätte, was ich erreichen wollte? Im Nachhinein weiß ich, dass es mich **ganz sicher nicht** glücklich gemacht hätte und ich noch viele Jahre hätte weiter investieren müssen, um wirklich das zu erhalten, was ich mir vorstellte. So gesehen ist die Fehlinvestition heute als Lehrgeld zu betrachten, das ich bezahlen musste, um vor noch größerem Schaden geschützt zu sein.

Wenn wir aus unserer Sicht Fehler begangen haben, dann ist es sicher hilfreich sich zu fragen: Was hätte Schlimmeres passieren können, wenn ...

Hier eine kleine Anleitung sich selbst besser verzeihen zu können:

1. Anerkennen und den IST-Zustand annehmen und akzeptieren - **es ist wie es ist!** Es ist vorbei und ich kann es nicht mehr ändern, selbst wenn ich es wollte
2. Ich gebe **NIEMAND** freiwillig Macht über mich und ich verschwende keine Gedanken an Personen, die mir Schaden zufügen wollen, oder wollten
3. Ich schaue auf meine Erfolge in der Vergangenheit, das gibt mir Kraft besser nach vorne schauen zu können
4. Ich erstelle eine Liste und schreibe auf, wofür ich dankbar sein kann und was gut ist, an meiner momentanen Lebenssituation
5. Ich schaue auf meine Fähigkeiten und Qualitäten (die nach wie vor, vorhanden sind!)
6. Ich sorge gut für mich, meinen Körper, meinen Geist und meine Seele
7. Ich berate mich mit meiner Familie und mit Freunden
8. Ich bin nicht allein und muss nichts alleine machen
9. Ich stehe zu mir und meinen Fehlern, denn auch diese gehören zu meiner Weiterentwicklung

Eine kleine Anleitung zu haben, ist sicher sinnvoll. Wer nun behauptet: „Das kann ich nicht!“, dem schenke ich noch zwei weitere wichtige Aussagen aus der Individualpsychologie, die da lauten:

„Ich kann nicht, heißt in den meisten Fällen: ICH WILL NICHT!“

Können kann man fast immer, man muss sich nur dafür entscheiden, oder sich den Mut aneignen, um zu sagen: **„Ich will nicht**!“
Wer das für sich „untersucht“, wird feststellen, dass er doch viel mehr kann, als er dachte.

Die zweite Aussage lautet: „Jedes „ABER“ ist ein NEIN!“

Wenn du deine Aussagen öfter bedenkst, wirst du feststellen, wie oft du NEIN sagst, obwohl du vielleicht JA meinst.

Weitere Hilfestellungen und Tipps

Was mich an anderen stört, habe ich vielleicht selbst.

Wusstest du schon, dass du all das, was dich an anderen stört, selbst an oder in dir hast? Zeigst du mit dem Zeigefinger auf jemand anderen, zeigen inkl. Daumen vier Finger auf dich selbst. Eine gute Gelegenheit sich selbst zu fragen:

- Was genau stört mich daran?
- Mache ich etwa Ähnliches oder gar dasselbe in veränderter Form?

Beispiele:

Person X lässt Person Y nicht aussprechen.

Stört dich das? **Tust du das nie?**

Person X fällt anderen immer wieder ins Wort und gibt seine Erlebnisse zum Besten.

Stört dich das? **Tust du das nie?**

Person X ist kein guter Zuhörer und scheint dadurch desinteressiert an dir.

Stört dich das? **Hörst du immer aktiv zu?**

Untersuche das einmal sehr objektiv bei dir. Du wirst überrascht sein ... Sobald du darüber neue Erkenntnisse gesammelt hast, wirst du mehr Verständnis für dich selbst und andere entwickeln können.

Freude bereiten

Ein weiser alter Mann hat mir einmal erklärt, dass Freude, das Wichtigste für uns Menschen sei. Selbst wenn man die Freude nicht mehr erleben würde, hatte man immerhin die Vorfreude darauf. Deshalb schreib doch einmal auf, womit du dir selbst oder anderen Menschen eine Freude bereiten kannst.
Das kann ein leckeres Essen sein, ein bunter Blumenstrauß für dich, eine Einladung zum Kaffee oder den Tisch für dich selbst schön eindecken ... Du wirst sehen, bereits während der gedanklichen Vorbereitung, stellen sich Gefühle von Freude ein. Du kannst dir auch einfach Zeit für dich schenken oder jemand anderem Zeit schenken. Zeit, in der du aktiv zuhörst und dich aufrichtig für diesen Menschen - für dich oder die Person interessierst. Wann hattest du das letzte Mal Zeit für dich ganz allein oder dir selbst zugehört?

Denk mal darüber nach und schreibe hier auf:

Womit kann ich mir heute eine Freude machen?

____

____

____

Wem kann ich heute eine Freude machen, indem ich:

____

____

____

Dankbarkeit

Wann hast du dich zum letzten Mal gefragt, wofür du dankbar sein kannst? Die Dankbarkeitsübung sollte möglichst jeden Tag durchgeführt werden, da sie eine wahre Kraftquelle ist.

Wenn du die Anregungen aus diesem Buch umsetzt und entscheidest mehr in Zuneigung zu denken und auf das Gute bei dir und anderen zu schauen, wird dir die Frage leichter fallen. Du erkennst dann sehr schnell, wofür du dankbar sein kannst.

Du kannst z. B. dankbar für deine Gesundheiten sein und dich nicht mehr auf Krankheiten konzentrieren. Während das Knie krank ist, kann die Leber, das Gehirn, der Magen usw. sehr gesund sein. Wenn du für all deine vorhandenen Gesundheiten dankbar bist, kann die Krankheit ein wenig in den Hintergrund rücken. Du kannst für deine momentane Lebenssituation dankbar sein, z. B. dafür, dass du ein Dach über dem Kopf hast und nicht in der Kälte übernachten musst, dass du ein kuscheliges, warmes Bett hast und nicht auf dem Boden schlafen musst, oder dass du jeden Tag genügend Essen hast usw.

Wenn wir uns die Dinge, die uns längst selbstverständlich erscheinen genau anschauen, bemerken wir, dass sie gar nicht selbstverständlich sind. Wir stellen dabei auch fest, dass wir viel mehr haben, als wir brauchen. Dankbarkeit verleiht uns eine angenehme zufriedene Ausstrahlung, weil sie uns glücklich macht. Du kannst es sofort selbst testen. Schreib jetzt gleich auf, wofür und für wen du dankbar bist und fühl dann mal, wie es dir dabei und danach ergeht.

Ich bin dankbar für:

Das hilft übrigens auch an Tagen, an denen man sich mal nicht so gut fühlt, ohne gleich den Grund dafür zu erkennen.

Einen Neubeginn wagen

Nachdem viele von uns sich im vermeintlichen Unglück verrannt haben, wissen wir nun, dass ein „Reset“ möglich ist. Zwar können wir nicht alles gänzlich von unserer „Festplatte“ löschen, doch haben wir Möglichkeiten, sie zu überschreiben und einen Neustart in Gang zu setzen. Hat sich manch einer bereits „verloren“ geglaubt, so weiß er nun, dass er wieder der Gestalter seines Lebens sein kann. Unterstützung, um die persönliche Entwicklung voranzubringen und das Leben leichter zu gestalten, bieten Bücher und Vortrags-CDs aus dem RDI-Verlag.

Wer es nicht alleine machen will, kann sich durch einen der vielen Berater/Therapeuten unterstützen lassen, oder vorab ein Encouraging-Training durchlaufen (Encouraging-Training ist **KEINE** Therapie oder Therapieersatz!). Ein Berater/Therapeut wird erst dann notwendig, wenn du mit deinem Problem nicht mehr alleine voran- oder weiterkommst.

Das Encouraging-Training ist für Menschen gedacht, die ihre persönliche Entwicklung voranbringen, mutiger und gelassener werden wollen und es dient gleichzeitig der Prävention für weiterhin dauerhafte psychische Gesundheit.

Niemand muss sich oder sein Leben aufgeben, denn es gibt viele Lösungsansätze und Möglichkeiten, die uns das Leben erleichtern können.

Schlusswort

Am Ende dieses Buches hoffe ich, dass ich vermitteln konnte, das jeder von uns sein Leben größtenteils selbst in der Hand hat, solange er die Macht über sich selbst nicht in andere Hände abgibt.

In der Zeit, in der ich an diesem Buch geschrieben habe, erinnerte ich mich oft an die Geschichte „Die große Wegkreuzung“ aus dem Buch „Die Farben der Wirklichkeit“ dessen 1. Auflage 1983 im Lucy Körner Verlag erschien. Wie alle Geschichten aus diesem Buch zeigt „Die große Wegkreuzung“ auf, wie wir uns selbst scheinbar immer wieder gegen das Leben entscheiden.

Es geht darin um ein junges Mädchen, das sich immer nach dem Geruch und Geschmack des Meeres sehnte und sich durch verschiedenste Begebenheiten, die ihm begegneten, immer wieder davon abhielt, die Reise zum Meer fortzusetzen. Im Laufe der Zeit kam sie an eine Wegkreuzung, die sich in vier Wege gabelte. Da ihr jeder der Wege ungewiss erschien, konnte sie sich letztlich für keinen entscheiden. Sie begegnete Menschen, die ihre Begleitung anboten und manchmal ging sie ein Stück des Weges mit ihnen, um zu arbeiten. Doch die Sehnsucht nach dem Meer blieb. Traute sie sich manches Mal, ein Stück weiterzugehen, wurde sie dennoch wieder unsicher und ging schnell den Weg zur großen Kreuzung zurück, wo sie sich wieder ratlos niederließ. Die Jahre vergingen und schließlich wurde sie alt und grau.

Mit letzter Kraft entschloss sie, so beschwerlich es auch für sie war, die Berge hinauf zu steigen. Endlich oben angekommen war sie von dem Ausblick überwältigt. Tief unten entdeckte sie ihre Wegkreuzung und sah, wohin die Pfade führen. Einer führt in eine große Stadt, ein anderer führt in ein ihr bekanntes Tal und auch der dritte und vierte Pfad führen zu Ortschaften, die sie nicht kannte. Letztlich trennten sich alle vier Wege von dem Gebirge und näherten sich einander einer anderen Ebene, die sich mit dem Meer vereinigte. Jetzt erkannte sie, dass jeder der Wege sie zum Meer geführt hätte ... Sie wusste, dass sie die Kraft zum Abstieg nicht mehr hatte und den Weg zum Meer nicht mehr schaffen würde ...

Ich wünsche jedem Menschen Mut, seiner Intuition zu folgen, um den Weg zu gehen ...
Meine Großmutter sagte immer: „Warum denn in die Ferne schweifen, wenn das Gute liegt so nah." Die Auswahl an Möglichkeiten unser Leben selbst zu gestalten, ist so vielfältig und groß und niemand muss weit dafür gehen, denn das Gute, die „schöpferische Kraft" liegt in uns selbst und damit so nah.

Über die Autorin

Sylvia Tröstl, geb. 1963 in Pirmasens.
Nach 17 Jahren Tätigkeit im Verwaltungsbereich kehrte sie zu ihrer ursprünglichen Intention, Menschen zu helfen, zurück. Es folgten sowohl Aus- und Weiterbildungen im Bereich Pflege und Encouragement und ihr Studium zur Dipl. individualpsychologischen Beraterin.
Seit 2001 setzte sie ihr Wissen zunächst nebenberuflich ein, um Menschen Unterstützung durch Encouraging-Training-Seminare und individualpsychologische Beratung zu bieten. 2012 gründete sie ihr eigenes Institut, wo sie seit 2014 u. a. die Ausbildung zum Encouraging-Trainer/Coach für Pflege & Soziales sowie Weiterbildungen für Führungskräfte leitet. Nachdem sie 2013 den RDI-VERLAG kaufte, begann sie 2014 eigene Bücher zu publizieren.
Sie lebt und arbeitet seit 1989 in Speyer.

Empfehlungen aus unserem Programm

CD: Verzeihen...
- DIR - MIR - Wir uns...

Audio CD: Verzeihen... - DIR - MIR - WIR uns ...

Ist ein Weg, um dir das Leben wesentlich zu erleichtern. Seeli-sche Verletzungen, durch die zunächst psychosomatische Beschwerden entstehen und uns dauerhaft krank machen können. Wer versteht, dass wir in erster Linie **uns selbst Gutes** tun, indem wir loslassen, verzeihen und vergeben, findet durch diese CDs einen sanft begehbaren Weg, um gesünder und glücklicher zu leben. Der schwierigste Teil des Verzeihens ist, sich selbst zu verzeihen ... Auch dieses Thema ist hier sehr eingänglich beschrieben und konnte bereits vielen Menschen helfen.
Doppel-Audio-CD/Audiobook / ISBN: 978-393-2708-57-2

Erhältlich über den RDI-Verlag, Amazon und in jeder Buchhandlung

Poof, Cham & Snow
... und ihre Geheimnisse

Ein Trainingsbuch für Kinder Aufbau eines gesunden Selbstbewusstseins

Durch die Übungen in diesem Buch bauen Kinder auf natürlichem Weg Selbstbewusstsein, größeres Selbstvertrauen und mehr Selbstwert sukzessive auf. Der Aufbau dieser drei Säulen führt kontinuierlich dazu, mutiger zu werden, wodurch dieses Buch präventiv wirken und Kinder schützen kann, denn: **selbstbewusste Kinder werden seltener zu Opfern, als ängstliche Kinder.** Die enthaltenen Fotos wurden in Bleistiftzeichnungen zum Ausmalen umgewandelt, um zusätzlich die eigene Phantasie und Kreativität anzuregen.

Gebundene Ausgabe: Hardcover mit 64 Seiten - 19 x 27 cm - 21 Bleistift-zeichnungen zum Ausmalen und 10 Übungs-/Trainings-vorlagen - ISBN-13: 978-393-2708-67-1

Portofrei erhältlich über den BoD-Buch Shop: https://www.bod.de/buchshop

LEBENSFREUDE leicht gemacht

Ist ein Seminar in Buchform. Es ist so aufgebaut, dass der Anwender **umgehend Erfolgserlebnisse** verzeichnen kann. Bei den Übungen fliesen teilweise Bausteine des Encouraging-Trainings mit ein. Feedbacks von Lesern bestätigen, dass dieses Buch eine nicht zu unterschätzende Lebenshilfe darstellt und die Tipps und Übungen leicht umzusetzen sind. Hier werden Themen angesprochen, die jeden Menschen beschäftigen und wofür er sich einfache Lösungsansätze wünscht. Das Seminar-Buch ist ein **KOMPASS, der in eine glücklichere ZUKUNFT führt.**

Hardcover - 19 X 27 cm - 160 Seiten - mit 20 Übungen und über 80 Bilder und Grafiken - ISBN: 978-393-2708-68-8

Portofrei **erhältlich über den BoD-Buch Shop** https://www.bod.de/buchshop

Aus unserer neuen Buchreihe:
little coach
Band 1: Für Eltern als Erziehungs-Begleitung

Eine echte Erziehungshilfe mit **kleinem Aufwand** und **großer Wirkung** sind keine leeren Versprechungen! Da nicht immer ein Gesprächspartner zur Verfügung steht wenn man ihn braucht, kann little-coach als praktischer Erziehungsbegleiter und „visueller Gesprächspartner" oder als „Ersthelfer" genutzt werden. Verschiedenste Elternthemen sind jeweils übersichtlich auf einer Seite zusammengefasst, wodurch das Lesen nicht ermüdend wird. Es besteht die Möglichkeit, die im Postkartenformat verfassten Wissens- (30) und Trainingskarten (10) auszuschneiden. Sie sind vielseitig einsetzbar und können z. B. als Grundlage für Erziehungsgespräche mit Partnern, Freunden oder Großeltern dienen. Der eigenen Phantasie sind dabei keine Grenzen gesetzt. Durch diesen Erziehungsbegleiter aus der Reihe little-coach können Ängste reduziert und das natürliche Wachstum des Selbstbewusstseins gefördert werden.

Hardcover - 12 X 19 cm - 68 Seiten - mit 30 Wissens- und 10 Übungskarten zum Ausschneiden - aufschlussreiche Grafiken - ISBN: 978-3-932708-65-7

Portofrei erhältlich über den BoD-Buch Shop https://www.bod.de/buchshop

Das Encouraging-Training ist seit mehr als zwanzig Jahren, das nachhaltigste Training auf dem Markt und seit 2014 besteht die Möglichkeit das Training als

Fernkurs mit Begleitcoaching

Zu buchen und bequem von zu Hause aus und bei freier Zeiteinteilung durchzuführen.

Ob Geschäftsreisende, viel beschäftigte Unternehmer/innen, Schichtarbeitende, Familienmanager/In, Schüler/In etc. - die freie Zeiteinteilung macht jedem die Teilnahme möglich der: **Seinem Leben frischen Schwung geben will - seine Zukunft neu gestalten, das Leben genießen und maximale Lebensfreude erleben will** oder für den Menschen, der: **Unsicherheiten und Ängste abbauen, mehr Sicherheit und Klarheit haben, „lieben" lernen und mehr innere Ruhe und Frieden finden will.**

Und all das mit Erfolgsgarantie!

Teilnehmer des Encouraging-Trainings erleben die Verbesserung von Lebensqualität in den Bereichen: **Liebe, Partnerschaft - Familie und Kindererziehung - Arbeits-/Berufsleben - Gemeinschaftsleben und der eigenen Persönlichkeitsentwicklung.**

Die Absolventen sind nachweislich: **selbstsicherer, selbstbewusster, selbständiger, angstfreier und zufriedener geworden. Insgesamt fühlen sie sich wohler und spüren mehr Lebensfreude.**

Encouraging-Training macht es möglich. Es ist über http://psychologie-blog.net und www.little-coach.de buchbar. Dazu erhalten Sie eine **Geldzurückgarantie**: Sollten Sie nach der ersten Trainingswoche feststellen, dass das Training nicht das Richtige für Sie ist und sie teilen es uns im ersten Feedbackbericht mit, erstatten wir die Kursgebühr zu **100 %**.

Weitere Angebote und Ausbildungsmöglichkeiten

Du möchtest selbst Trainer/in werden? Informiere dich auf der Website: www.little-coach.de - hier findest du z. B. die:

Berufsbegleitende Ausbildung zum Encouraging-Trainer /Coach für Pflege & Soziales n. d. Schoenaker-Tröstl-Konzept®

Wer sind Encouraging-Trainer/Coach für Pflege & Soziales und was sind ihre Aufgaben? Sie sind spezifisch ausgebildete Trainer für soziale Berufsfelder, die meist in pflegerischen Einrichtungen arbeiten. **Was tun sie?** Sie arbeiten in Gruppen und helfen den Teilnehmern beim Erkennen ihrer Werte und Stärken. Dabei geben sie ihnen „Werkzeuge" an die Hand, wodurch bereits vorhandene soziale Kompetenzen und Ressourcen für den Umgang mit Menschen erweitert werden. Durch die praxisnahe Begleitung des Trainers ist der Teilnehmer befähigt, Erlerntes sofort anzuwenden/ umzusetzen, was unweigerlich zur Verbesserung seiner Lebensqualität im gesamten Umfeld beiträgt.

Welche Aufgabe erfüllt ein Trainer/Coach? Er coacht und trainiert Teams oder Einzelpersonen. Er unterstützt sie auf dem Weg zu dauerhafter Gesundheit, zeigt auf, wie sie wieder mit Spaß und Freude ihre Arbeit angehen können und er hilft beim Erkennen ihrer persönlichen Werte und Stärken. Dabei gibt er „Werkzeuge" an die Hand, wodurch soziale Kompetenzen und Ressourcen für den Umgang mit Kollegen erweitert werden. Durch praxisnahe Begleitung des Trainers ist das Team befähigt, Erlerntes sofort anzuwenden/umzusetzen, was unweigerlich zur Verbesserung des Arbeitsklimas beiträgt. Darüberhinaus gelingen auch Beziehungen in seinem privaten Umfeld besser, was die Lebensqualität insgesamt steigert. Ziele wie: Lebensfreude, innere Ausgeglichenheit und psychische Gesundheit werden durch das Training problemlos erreicht.

Für wen ist die Ausbildung zum Encouraging-Trainer/ Coach geeignet? Die Ausbildung ist grundsätzlich für Menschen geeignet, die bei sich selbst und anderen soziale Kompetenzen und Ressourcen für den Umgang mit Menschen praxisnah erweitern wollen oder Menschen aus sozialen Berufs-feldern die TEAMS professionelle Unterstützung und Hilfe anbieten möchten. Beispielsweise: Einrichtungsleiter/Innen, Pflegedienstleiter/Innen, Stationsleitungen, Gesundheits-/Kranken- und Altenpflegern, Sozialarbeitern, Leitungspersonal, Lehrern aus Pflege- /Sozialberufen, Personalleiter/ Innen, Dozenten von Weiterbildungsträgern, Angestellte der Arbeits-agentur, engagierte Mitarbeiter mit Führungsqualitäten u. v. m.

Ausbildungsmöglichkeiten Intensiv-Kompakt zum:

Encouraging-Trainer/Coach für Pflege & Soziales

oder zum/zur: Psychologischen Berater/IN

Kontakt:

little-coach **-** Ihr Partner für neue Impulse

www.little-coach.de oder www.rdi-verlag.de

Heinrich-Heine-Straße 5, 67346 Speyer

Phone: 06232 – 8 777 299 / - 300

Unsere SEMINAR-Angebote:

Encouraging-Training Basis / Encouraging-Training für die Partnerschaft (auch als Online-Seminar mit Begleitcoaching) / psychologische Beratung (auch via Skype) / Wochenend-Workshops

little-coach **-** Ihr Partner für neue Impulse

www.little-coach.de oder www.rdi-verlag.de

Weitere Informationen zu Ausbildungsmöglichkeiten und Seminarangeboten erhalten Sie direkt über:

RDI-VERLAG
Heinrich-Heine-Straße 5
67346 Speyer

Phone: 06232 – 8 777 299 Mail: info@rdi-verlag.de

Informationen zur Encouraging-Trainer-Basis
Ausbildung in Holland erhalten Sie hier:

Schoenaker-Concept www.schoenaker-concept.de

Platz für Notizen